Thomas Dahms

Mit Luther in die neue Zeit
Reisen ins Reformationsjahrhundert

Impressum

Thomas Dahms:
Mit Luther in die neue Zeit.
Reisen ins Reformationsjahrhundert.

Gestaltung: Dr. Thomas Dahms,
Karsten Mentzendorff

ISBN 978-3-926 560-72-8

Ostfalia-Verlag, Osterwieck, 2015
www.ostfalia-verlag.de

Thomas Dahms

Mit Luther in die neue Zeit

Reisen ins Reformationsjahrhundert

Ostfalia-Verlag, Osterwieck

„Lutherwirkungsstädte"

Im Jahre 2017 jährt sich der Beginn der Reformation zum 500. Male. Im Jahre 1517 verfasste der Augustinermönch und Universitätsprofessor Dr. Martin Luther seine Thesen gegen den Ablasshandel und zu Fragen des Glaubens. Im Nachhinein wirken diese Thesen wie das Zündholz an der Reibefläche einer Gesellschaft, die mit der Kirche in vielerlei Hinsicht unzufrieden war. Dieser Unzufriedenheit schienen Luthers Thesen wie ein Ventil – und die Schnelligkeit, mit der die Thesen aus Wittenberg in ganz Deutschland Verbreitung fanden, überholte jeden Versuch ihrer Verhinderung.

Ein Buch wie das vorliegende, das zu Spaziergängen zu den Spuren der Reformation einlädt, spiegelt auf seine Weise den komplexen Prozess der Verbreitung und Durchdringung der Reformation in den Landen rund um den Harz, zu denen auch Luthers Heimat, die Grafschaft Mansfeld, gehört.

Wer die vielfältige Wirkung Luthers und der Reformation für eine Landschaft sich näher erschließen will, dem seien diese Reisen ins Reformationsjahrhundert (1517-1618) empfohlen. Die Zeitgenossen Luthers hatten mit drei Erweiterungen des Denk- und Handlungsmöglichkeiten erfahren: Die Entdeckung Amerikas durch Christoph Kolumbus und die nachfolgenden Entdecker bis hin zur ersten Weltumsegelung in den ersten 1520er Jahren, zudem die Reformation sowie das neue universelle Weltbild des Nikolaus Kopernikus seit den 1540er Jahren. Die Europäer erlebten den Anbruch einer neuen Zeit. Die Historiker sprechen von der „Neuzeit", die das Mittelalter ablöste; die Neuzeit wird zusätzlich von der Reformation bis zur Französischen Revolution als „frühe Neuzeit" verstanden.

Die epochale Wirkung der Reformation ist nicht zuletzt durch die Zeugnisse der Annahme des lutherischen Bekenntnisses an den Fürstenhöfen, in den Reichsstädten und Städten nicht zuletzt auch in Burgen und kleineren Orten bis heute nachvollziehbar. Dieses Buch bringt die Orte zusammen, die im Bereich des sächsischen Hanseviertels lagen. Es war die Zeit, in der die Städte blühten und ihr reich verziertes Fachwerkkleid erhielten. Die Hausbesitzer sprachen mit dem Wort- und Bildprogramm zur „Straße". Es ist erstaunlich, mit welchem Selbstbewusstsein die Stadtbürger nicht nur ihre Häuser schmückten, sondern auch mit ihren Namen ihre Bekenntnisse des Glaubens ins Holz schnitzen ließen.

Luthers Leitsatz „Verbum Domini manet in Aeternum" (= „Das Wort des Herrn bleibt in Ewigkeit") fand sich in Hausinschriften in Goslar, Osterwieck, Hann. Münden, Göttingen oder Einbeck wieder.

Dieses Buch ist ein Brückenschlag in die Gedankenwelt des Reformationsjahrhunderts. Es ist für Angehörige aller Konfessionen und Religionen, für Religionsferne und mehr kulturhistorisch Interessierte gleichermaßen: Wenn wir alle uns auf den Straßen wiederfinden, so begegnen wir uns hoffentlich in dem Toleranzgedanken, wie ihn Ephraim Gotthold Lessing in der Ringparabel seines „Nathans" zum Ausdruck brachte.

Viel ist von „Lutherstädten" die Rede – und vom „Lutherweg"; einige in diesem Buch aufgeführten Orte und Städte können keinen Besuch Luthers für sich reklamieren, sie alle aber können wir im Sinne der dargestellten Zeugnisse der Wirkungsgeschichte der Reformation als „Lutherwirkungsstädte" annehmen.

Ich danke Dr. Klaus Thiele und seiner Frau Liselotte sowie Herrn Pfr. Helmut Liersch für ihre Beiträge im Buch. Wir Autoren dieses Buches wünschen den Reisenden gutes Wetter, gute Erfahrungen und gute Begegnungen bei ihren Reisen ins Reformationsjahrhundert.

Dr. Thomas Dahms

STEFAN ZOWISLO führte in seiner Eigenschaft als Leiter der Staatlichen Geschäftsstelle „Luther 2017" das Interview mit dem Ehepaar Liselotte und Dr. Klaus Thiele.

Staatliche Geschäftsstelle „Luther 2017", Collegienstraße 62 C, 06886 Lutherstadt Wittenberg, www.luther2017.de

DR. KLAUS THIELE verfasste die Beiträge (in der Reihenfolge im Buch) über die Hausinschriften der Reformation über Osterwieck, Duderstadt und Wolfenbüttel sowie über Schloss Hessen und Schloss Ummendorf.

LISELOTTE THIELE bereichert als „Auge des Reformationsjahrhunderts" das vorliegende Buch mit ihren Fotographien.

HELMUT LIERSCH ist Pfarrer im Ruhestand und war zuletzt Probst von Goslar. Von ihm sind die Beiträge „Goslar profitiert vom reformationszeitlichen Netzwerk" im Kapitel über „Soziale Netzwerke der Reformation" sowie der Beitrag über Goslar.

DR. THOMAS DAHMS verfasste den Beitrag „Soziale Netzwerke der Reformation" sowie die Beiträge über Hornburg, Einbeck, Braunschweig, Celle, Osterode a.H., Hann. Münden, Göttingen, Mansfeld, Lutherstadt Eisleben, Stolberg, Wernigerode, Helmstedt, Nordhausen, Hildesheim, Alfeld (Leine), Schloss Gifhorn, Burg Schlanstedt, Gernrode und Bad Frankenhausen.

Alle die Beiträge im Buch wären ohne die Unterstützung und Mitarbeit der im folgenden nicht alphabetisch aufgeführten Personen nicht möglich gewesen, wofür ihnen ein besonderer Dank gilt:

Jürgen Reifenberger, Dr. Sybille Heise, Birgit Adam, Prof. Dieter Leistner, Liselotte und Dr. Klaus Thiele, Andreas Wallbrecht, Dr. Jürgen Conrad, Hartmut Wolff, Ute Klopffleisch, Gabriele Weise, Silke Krage, Pfarrer Andreas Müller, Pfarrer Dr. Volkmar Latossek, Gundula Stanke, Inge Wagenführ, Andreas Memmert, Pfarrer Olaf Schäper, Pfarrer i.R. Helmut Liersch, Jens Friedrich, Franziska Aulich, Ekkehard Eder, Antje Jahn, Stefan Schäfer, Pfarrer Gunter Hirschligau, Dr. Nadine Panteleon, Stefan Zowislo, Markus Galle, Ina Goschnick, Angela Brümmer, Gerhard Kraus, Birgit Korsch, Steffi Hoyer, Christine Wulf, Dr. Gerlinde Schlenker, Klaus Hahne, Klaus Bogoslaw, Bärbel Däumler, Marianne Krohn, Dr. Elke Heege und Karsten Mentzendorff

Liebe Frau Thiele, lieber Herr Dr. Thiele: Sie beide sind in den letzten zwei Jahrzehnten zu Experten in Sachen Reformationsinschriften geworden. Kaum eine Ecke, wo dieses Thema „mit uns spricht", die Sie nicht kennen; das gilt vor allem für die Gegend rund um Osterwieck und Hornburg. Warum hat es gerade Sie hier so „erwischt"?

Die Reise, die wir uns auf den „Spuren der Reformation" vorgenommen haben, wird uns durch eine Landschaft führen, in der bis 1989 die Grenze verlief, die Deutschland über 45 Jahre geteilt hat. Sie hat nicht nur das Leben der in DDR wohnenden Deutschen in einer heute kaum mehr vorstellbaren Weise beeinträchtigt – auch für diejenigen, die, wie wir zwar im westlichen Teil Deutschlands in unmittelbarer Nachbarschaft der Grenze lebten, aber eine Schwester und Schwägerin mit ihren Kindern auf der „anderen Seite" wussten, waren ihre totbringenden Sperranlagen eine schmerzlich empfundene Realität. Verwandte und Freunde waren räumlich nah und trotzdem weit weg, Bindungen zerrissen.

Nur vor diesem Hintergrund kann man nachempfinden, was die Menschen bewegt hat, die sofort nach der Grenzöffnung zwischen Osterwieck und Hornburg am 19. November 1989 von Ost und West zu Fuß oder auf dem Fahrrad aufeinander trafen und sich gegenseitig besuchten. Zur Rettung der gefährdeten Stephanikirche in Osterwieck gründeten Menschen aus Osterwieck und der nahen Region rund um Wolfenbüttel und Braunschweig bereits im März 1990 den ersten deutsch-deutschen Kirchbauverein. Bereits bis zum Jahresende wurden 97.000 DM gespendet! Schon 1992 hatte der Verein 200 Mitglieder, bald waren es fast 300 aus ganz Deutschland und dem Ausland. 750.000 DM betrug die Spendensumme in den ersten neun Jahren. Ja, und es stimmt, wir waren von Anfang an und immer mit dabei…

Sie verbinden mit Ihrem Engagement zwei Anliegen – zum einen die historische Erinnerung, zum anderen aber auch wollen Sie Besucher und Touristen auf die „Spuren der Reformation" locken.

Am Beispiel Osterwiecks haben wir wie unter einem Brennglas miterlebt, wie die befreiende friedliche Revolution der Bürger in der DDR nur ein Jahr später zur Wiedervereinigung Deutschlands geführt hat, es so zur ›Wende 1989/90‹ kam und wir alle Zeugen von Folgen weltgeschichtlichen Ausmaßes geworden sind. Deshalb sollten wir auch bei denjenigen, die heute als Reisende zu uns kommen, die notwendige Sensibilität dafür wecken, dass sie auf eine Landschaft und ihre Bewohner treffen, die bis auf die letzten zwei Jahrzehnte über ein halbes Jahrhundert hindurch von zwei Gesellschaftssystemen geprägt worden sind, wie sie unterschiedlicher nicht sein konnten. Die ehemaligen DDR-Grenztürme und Informationstafeln an Straßen weisen immer wieder darauf hin. Hier kann der Tourist „leibhaftig" erfahren, dass erst 1941 die seit dem Mittelalter zum Halberstädtischen und zur Provinz Sachsen-Anhalt gehörender Stadt Hornburg gegen den ebenso lange braunschweigischen Ort Hessen getauscht worden ist und deshalb das erstere zum westlichen Deutschland, das letztere aber zur DDR kam. Das ist Geschichte pur. Wer einmal so unterwegs ist, kann ermessen, was der Fachwerkstadt Hornburg erspart geblieben ist und ihrer Schwesterstadt Osterwieck und dem nahen Ort und Schloss Hessen widerfahren ist. Und letztendlich können die Touristen heute hier bewundern, was seit 1989 alles geleistet worden ist.

Und vielleicht auch einen Zusammenhang erleben zwischen 1989 und den Wirkungen der Reformation?

Aber sicher! Wer viel weiß über die befreiende und motivierende Wirkungsmacht einer Bewegung, wie sie die ›Wende 1989/90‹ war, der gewinnt auch einen raschen Zugang zur Geschichte der Reformation. Er wird besser verstehen, was vor bald 500 Jahren die Menschen so sehr bewegt hat, dass wir es in ihren Kirchen und durch Inschriften an ihren Häusern bis heute nachvollziehen können. Kein Wunder, dass die ›Wende 1989/90‹ nicht nur mit der Reformation, sondern sogar mit der Konstantinischen Wende verglichen worden ist.

Marketingexperten witzeln zuweilen, wenn sie auf das Thema Hausinschriften stoßen, vom „Facebook des Mittelalters". Können Sie das einordnen?

Sehr! Besser finde ich noch die Bezeichnung eines Werbefachmanns, der die Hausinschriften als das „Erste soziale Netzwerk der Frühen Neuzeit" bezeichnet hat. Durch die zum Teil prächtigen Inschriften an ihren Häusern ist fast jede der Fachwerkstädte ein für jedermann und jederzeit freizugängliches reformationsgeschichtliches Museum. Wir müssen das alles nur entdecken! Hoch oben gelegen sind die Texte zuweilen nicht leicht zu erkennen und schwer zu lesen. Ungewohnte Buchstaben und Ausdrucksweisen und vielleicht auch eine hier und da fremd gewordene Religiosität haben dazu beigetragen, dass die Inschriften schon mal als altertümlich oder inhaltlich uninteressant abgetan werden konnten. Doch sie sind viel mehr als stadtbildliches Dekor. Die Inschriften sind ein kulturelles Erbe, das aus dem Reformationsjahrhundert so nur in den Fachwerkstädten am Harz und in Niedersachsen zu entdecken ist, ein wenig noch in Westfalen. Verbunden mit Aussagen – um auf Ihre Frage zurückzukommen –, die jede Menge über das damalige Lebensgefühl verraten.

Können Sie dafür ein Beispiel nennen?

Als in Holz geschnitztes ›Sola scriptura‹ ist so ›das Wort der Bibel in der Sprache Martin Luthers zur Stadt geworden‹. Und so ist im Reformationsjahrhundert jedes biblische Zitat in einer Hausinschrift auch ein Bekenntnis zu Martin Luther und der von ihm angestoßenen Reformation geworden.

Und warum lässt sich dies so ganz besonders „rund um den Harz" bewundern?

Nun, warum dies in so ausgeprägter Weise am Harz und an der Weser, dagegen weitaus seltener in den Kernlanden der Reformation oder auch Süddeutschland der Fall war, das ist längst nicht nur mit der am Harz und in Niedersachsen üblichen Fachwerkbauweise zu beantworten.

Zentral erscheint folgender Zusammenhang: Während um 1540 in Sachsen und Thüringen Luther und seine Lehre schon landesherrlich anerkannt waren, ging es hierzulande – ob im Fürstbistum Halberstadt, im Herzogtum Braunschweig-Wolfenbüttel oder in der Reichsstadt Goslar, ob im Fürstbistum Hildesheim, in den Fürstentümern Braunschweig-Calenberg und Grubenhagen oder im kurmainzischen Eichsfeld – noch um die Durchsetzung, Festigung und Erhaltung der Reformation. Da hieß es in den Städten Flagge zeigen...

Und das am besten auf seinen eigenen vier Wänden...

Genau. Deshalb gilt: Wer erfahren will, was die Menschen im Reformationsjahrhundert existenti-

ell bewegt und umgetrieben hat, sollte deshalb nicht nur die klassischen Luthergedenkstätten, sondern auch die Fachwerkstädte unserer Region als Lutherwirkungsstätte besuchen. Hier kann man dem Volk der Reformationszeit zwar auch nicht mehr „auf's Maul", aber nach wie vor „auf seine Mauern" schauen. Und man erfährt, welch befreiende Wirkung von der Reformation ausgegangen ist.

Und ein letztes: Erst im April 2015 konnte mit der Renovierung der stadtseitigen Fassade des von 1552 bis 1557 errichteten frühprotestantischen Kirchenschiffs die Wiederherstellung der Osterwiecker Stephanikirche 25 Jahre nach 1989 fast (!) beendet werden. Genau wie im Jahr 1557 steht jetzt wieder St.Stephani vor uns – nach einer Definition von Prof. Dr. Gottfried Kiesow „eine Rarität unter den Kirchen": ein außen strahlend gänzlich neues frühes protestantisches Kirchenschiff wie im Jahr 1557 zwischen einer romanischen Turmfront und einem spätgotischen Chor von 1516 (!) mit einem Marienkrönungsaltar von 1484 – das Kirchenschiff innen aber in der aus dem 16. Jahrhundert erhaltenen Weise gekennzeichnet durch seine einmalige frühprotestantische Wappenikonographie an Schlusssteinen, Pfeilern und Arkaden und farbige Bildlichkeit der Emporen. Eine derartige kirchenbauliche Leistung einer kleinen Landstadt in einem noch weitere 10 Jahre katholischen Bistum als Folge der Reformation kann man so nur in Osterwieck erleben. Alles eine Reise wert!

Reformatorische Bekenntnisse

„Heute, Mittwoch nach Laurentius [10.8.] im Jahre des Herrn 1533 ist der hochwürdigste in Gott Vater, durchlauchtigste, hochgeborene Kardinal (Bild links: Kardinal Albrecht von Brandenburg), unser gnädiger Herr allhier in Osterwieck von Wolfenbüttel gegen Abend mit anderthalb hundert Pferden wohlgerüstet angekommen in einer Kutsche mit roten Decken überzogen und übermaßen wohl geschmücket. Da hat ein ehrsamer Rat seine Gnaden untertänig empfangen, darauf hat sich seine kurfürstliche Gnaden gnädig gegen den Rat und jedermann gezeigt, allen Ratspersonen daselbst die Hand gegeben und gesprochen ›Liebe Getreue, liebe Getreue‹. Am andern Tage ist seine kurfürstliche Gnaden wieder von hier gezogen und weil der ehrsame Rat diesen Empfang gegeben und alles da war, Wein, Bier und alles was dazu gehörig, vom Rat beschafft werden konnte, und was verzehrt wurde, bezahlt hatte, und keiner Mangel leiden brauchte, hat unser hochgedachter gnädiger Herr dem Rat abermals die Hand gegeben und gesprochen, daß seiner kurfürstlichen Gnaden mehr als notwendig angeboten wurde, er wolle es in Gnaden erkennen und ist also nach Halberstadt desselben Tages gekommen."

„Von Wolfenbüttel angekommen"– ob der Stadtbuchschreiber wusste, was dies bedeutete? Mit Herzog Heinrich d. Jüngeren hatte der Kardinal in Wolfenbüttel das kurz danach mit zwei weiteren katholischen Fürsten, Kurfürst Joachim I. von Brandenburg und Herzog Georg von Sachsen, in Halle verabschiedete Bündnis vorbereitet. Schutz des „eigen [katholischen] Glaubens" und des „Gehorsams ihrer Untertanen" sowie Maßnahmen „gegen von der Kirche abfallende und ungehorsame Untertanen" waren die Ziele des gegen die Ausbreitung der Reformation gerichteten Fürstenbundes. In Halberstadt hatte der Kardinal die Anhänger der Reformation so sehr bedrängt, dass ein mit ihr sympathisierender Kleriker 1533 seine Bibliothek nach Goslar in Sicherheit brachte. In Osterwieck dagegen ließ der Bürgermeister noch im selben Jahr, in dem seine Stadt das „über maßen wohl geschmückete mit anderthalb hundert Pferden wohlgerüstete" landesherrliche Schauspiel erlebt hatte, an seinem Haus (Abb. 04: Osterwieck, Hagen 24) die Worte einschnitzen, die heute die älteste, überlieferte textliche religiöse Inschrift (Abb. 05: Osterwieck, Inschrift Hagen 24) ist:

NACH CRISTI GEBVRT · DER · M · STEGELER WENIGER · 33 · ALL P · DRÖGEKÖP · DER · VNS · ERLÖSET · HAT · ALBVMAL ·

„NACH CHRISTI GEBURT DER WENI-GER ZAHL 33 (im damaligen Kanzlei-deutsch bedeutete das ›1533‹) ALL[ein] DER UNS ERLÖSET HAT ALZUMAL". Nach der Auseinandersetzung, an der sich Luther noch 1530 wegen der umstrittenen Verwendung des Wortes Allein bei der Übersetzung der Bibel wortgewaltig beteiligt hat, war dies äußerst provokant!

Wen wundert es, dass sich noch im Januar 1534, nur zwei Monate nach dem Bünd-nis in Halle, die Hansebund-Städte Goslar, Magdeburg, Braunschweig, Hildesheim, Göttingen, Hannover und Einbeck unter Festlegung der zu leistenden Mannschafts-stärken und Geldsummen für den Fall, dass sie in Religionssachen angegriffen würden, sich vertraglich gegenseitigen Schutz zusag-ten. Eine Versammlung von Schützen bekräftigte dies in Magdeburg. Gleichzeitig festigte der Schmalkaldische Bund der pro-testantischen Fürsten und Städte sein Bünd-nis. Der Wahlspruch des 1525 verstorbenen sächsischen Kurfürsten Friedrich „Verbum Domini Manet In AEterna – VDMIAE [Das Wort des Herrn bleibt in Ewigkeit (1. Petr. 1, 25; Jes. 40,8)] wurde zur Devise dieses Bundes.

Dass sie 1534 und 1537 in Osterwieck zum ersten Mal an Häusern angebracht worden

ist, war in der noch weitere 30 Jahre katho-lisch-bischöflichen Landstadt ein eindeutig politisch gemeintes Signal. Am Osterwiecker Eulenspiegelhaus von 1534 (Abb. 06: Oster-wieck, Eulenspiegelhaus) – vermutlich war es das Haus der Wandtschneidergilde – ist die Devise zudem mit einer einzigartigen Bildpredigt (Abb. 07: Verbum Domini Manet In Eternum) verbunden: Das ›Ewige Wort Gottes‹ ist als Ruhekissen eines nack-ten Kindes dargestellt, dessen Kopf auf einem Totenschädel ruht und dem von hinten eine Sanduhr gezeigt wird. Diese Darstellung des ›Putto der Vergänglichkeit‹ symbolisiert die Verse 24 u. 25 aus dem 1. Kap. des 1. Petrusbriefs: „Alles Fleisch ist wie Gras, und alle Herrlichkeit der Men-schen wie des Grases Blume. Das Gras ist verdorrt und die Blume abgefallen; aber des Herrn Wort bleibt in Ewigkeit." Der bis 1588 sehr einflussreiche Kämmerer und Bürgermeister Simon Wicken erbaute schon 1537 eines der schönsten Osterwiecker Fachwerkhäuser (Abb. 08: Osterwieck, Kapellenstr. 1, Bild rechts) und fügte, ebenfalls erstmalig an einem Hause der ›Schmalkaldischen Devise‹ mit dem Zitat

Münden (Abb. 11: Hann.-Münden, Langestr. 85/87) und 1557 in Goslar (Abb.: 12: Goslar, Marktstr. 45) angebracht worden sind. Davor hat es nur 1531 in Braunschweig (Abb. 13: Braunschweig, Hintern Brüdern 5/6) verloren gegangene bibeltextliche Inschriften gegeben. Aus vorreformatorischer Zeit sind bis jetzt keine textlichen religiösen Hausinschriften bekannt – erst die befreiende Wirkung der Reformation hat es ermöglicht, dass ab 1530 Bekenntnisinschriften wie diese und das biblische Wort selbst die Fassaden der Fachwerkstädten prägen sollten – ein reformationsgeschichtliches Erbe, das bisher nicht hinreichend gewürdigt wird.

Entdecken Sie in Duderstadt (Abb. 14: Duderstadt, Marktstr. 56 von 1620) den Widerstand gegen die Gegenreformation oder dass in Hann. Münden (Abb. 15: Hann. Münden, Kirchplatz 4) und Goslar (Abb. 16: Goslar, Peterstr. 31) einige vorreformatorische Texte in protestantische Inschriften eingegangen sind. Häufiger als Sie vermuten, sind Zitate aus dem Alten Testament: aus den Büchern Mose (Abb. 17: Goslar, Schuhhof 4), den Propheten (Abb. 18: Hornburg, Damm 7) und den alttestamentlichen Spruchweisheiten (Abb. 19: Hornburg,

aus Römer 8, 31 eine weitere Devise hinzu: „Si deos pro nobis quis contra – Wenn Gott für uns ist, wer könnte wider uns sein (Abb.09.: Kapellenstr. 1, Türsturz) ".

Das unmittelbare persönliche Bekenntnis zur Reformation unter Zitierung der Devise der protestantischen Reichsstände kennzeichnet die drei ältesten in Osterwieck erhalten gebliebenen Inschriften ebenso wie eine 1536 in Göttingen (Abb. 10: Göttingen, Barfüßerstr.12) überlieferte und weitere, die kurz danach 1540 in Hann.-

Wasserstr.2), die in den Schulen gelesen und auswendig gelernt wurden. Ihr Konfirmations- oder Trauspruch wird Ihnen vielleicht unter den besonders beliebten Psalm-Zitaten (Abb. 20: Hornburg, Schlossbergstr. 8) begegnen, das Psalmgebet ist bis heute ein Bestandteil jedes Gottesdienstes. Dies gilt auch für das von Luther eingeführte Kirchenlied in deutscher Sprache.

Aus den kirchenliedfrommen Zeiten nach 1650 findet man es am häufigsten in Hornburg (Abb. 21: Hornburg, Vorwerk 9) und Wolfenbüttel (Abb. 22: Wolfenbüttel, Krumme Str. 16). Aus dem Neuen Testament wird aus den Evangelien und den Apostelbriefen zitiert. Und dass die so fromme Welt dennoch keine heile war, vermitteln Inschriften, in denen Ruhmsucht, Neid und Missgunst (Abb. 23: Duderstadt, Westerntor 9) eine Rolle spielen. Wie heute in Facebook und Twitter teilte man sich dies offen an Hauswänden mit.

Die Reformation ist eine der wichtigsten Epochen der deutschen Geschichte. Für

jedermann und jederzeit frei zugänglich gehören Hausinschriften zum bedeutendsten kulturhistorischen Erbe aus dieser Zeit. Mehr denn je gilt heute: „Wer aber vor der Vergangenheit die Augen verschließt, wird blind für die Gegenwart (Abb. 24: Wolfenbüttel, Gedenkstein Programnacht am Lessingplatz)“.

Soziale Netzwerk im Reformationsjahrhundert

Gemeinhin versteht man die rasante Verbreitung der Schriften Dr. Martin Luthers nicht zuletzt Dank des Buchdrucks als Ausdruck der intensiven Kommunikation über große Distanzen hinweg; in diesem Falle stehen die Gedanken Luthers im Vordergrund.

Das vorliegende Buch thematisiert aber vornehmlich die andere Seite: die Menschen, die Luthers Schriften und Gedanken nicht nur in die Hände nahmen, sondern auch übernahmen. Die Zeitgenossen und selbst Luther konnten noch nicht die Etappen der Reformation voraussehen und äußerten sich zunächst einmal verblüfft und überrascht über die weitreichende Wirkung Luthers.

Luthers Mut, für die eigene Überzeugung Risiken einzugehen, fand viele Nachahmer und Mitstreiter. Das vorliegende Buch zeigt die Ausbreitung der Reformation als Wirkungsgeschichte Luthers. Die sozialen Gruppen, die zu Multiplikatoren der reformatorischen Botschaften wurden, waren sehr verschieden und auch zahlreich – dies kann als Hinweis verstanden werden, dass Luthers Gedanken und Schriften eine kollektive Wirkung hatte. Wenn sich also Fürsten und Städte zu Schutzbündnissen der Reformation wie dem Torgauer oder Schmalkaldischen Bund zusammenschlossen, dann konnten sie auf spätmittelalterliche Erfahrungen und Beispiele wie dem Hansebund und dem sächsischen Städtebund zurückgreifen. Neu aber war, dass der Streit um Luther protestantischen Fürsten und Städte in einen Gegensatz zum Kaiser brachten. Dieses bekamen die Reichsstädte Goslar und Nordhausen zu spüren.

Im Laufe des Hoch- und Spätmittelalter war von der Leine bis zur Elbe

Stadtbürger der Reformation, Osterwieck, 1534.

eine intensive urbane Landschaft entstanden, die – vereinfacht gesagt – ein dichtes Netz aus fürstlichen Residenzen, Adelsherrschaften, Klosterzentren, Märkten und Städten hervorgebracht hatte. Dieses engmaschige Netz aus Städten und Kleinstädten sowie Residenzstädten wurde durch eine Vielzahl von Wegen verbunden, die dem Lauffeuer der Reformation nicht nur Bahn gewährte, sondern auch zahlreich Unterschlupf ermöglichte. Auf diesen Wegen zogen von Luthers Schriften inspirierte Augustinermönche, Lutherlieder singende Tuchmachergesellen, humanistisch argumentierende Studenten aus Wittenberg oder evangelisch gesinnte Praedikanten. Das Braunschweiger Beispiel zeigt, wie wichtig die Rolle der Praedikanten, dieser kirchlichen Honorarkräfte, für die Verdichtung von Kritik und die Verbreitung der Reformation waren. Die Beispiele aus Eisleben und Einbeck wiederum verweisen auf die Bedeutung einiger Augustinermönche selbst, die Luther folgten.

Aus dem Kloster Riddagshausen (Braunschweig) wurde Anton Corvinus entlassen, der auf der westlichen Seite des Harzes zu einer führenden Kraft der Reformation wurde. Johannes Spangenberg aus Hardegsen (Göttingen) war mit seinen Stationen Stolberg und Nordhausen ebenfalls ein agiler Stabilisator der Reformation. Mobilität war eine Siegeseigenschaft der frühen Reformation.

Viele Klöster waren frühe Verlierer der Reformation, auch wenn der Zeitraum 1517 bis zur Plünderung im Bauernkrieg 1525 nicht dieselbe „Reformation" beschreibt wie die Zeit nach 1530. Langfristig verloren die Klöster St. Sylvestri (Wernigerode), St. Alexandri (Einbeck) oder St. Crucis (Nordhausen) ihre geistliche Oberaufsicht über die städtischen Pfarrstellen. Das Wernigeröder Augustinerkloster Himmelpforten wurde im Bauernkrieg geplündert und steht auf jener Verliererseite, während das Kloster Gernrode sich von solchen Gefahren der Ausplünderung und Säkularisierung schützte, indem es früh die Reformation einführte.

Die Reformation brachte einen Aufstieg des Bürgertums insgesamt, dem die neutrale wie moderne Bildung ihrer Jugend so sehr am Herzen lag. Gute Bildung war auch schon damals ein Schlüssel für Karrieren „in der Fremde". Allein der frühe Lebensweg Luthers mit Mansfeld, Magdeburg und Eisenach als schulische Stationen, legt die Bedeutung von Bildung und Mobilität nahe. Es ist beeindruckend, zu sehen, wie sehr die Reformation auch durch Forderung nach Standards der Bildung getragen wurde. Man wollte gebildete Bürger und erwartete gebildete Prediger und Pfarrer wie auch einen schulisch möglichst gut gebildete Jugend: Die Stadt Alfeld (Leine) bewahrt mit seiner Lateinschule die Verbindung aus Schulbildung und Orientierung nach Wittenberg diesen Motivationsstrang zur Reformation. Die Bürger bewiesen an ihrem Fachwerk ihre Bildung und brachte Sinnsprüche, Bibelzitate, moralische Aussagen und Auszüge aus dem Bildungskanon auf die Balken und Füllbretter ihrer Häuser – wie die Beispiele Osterwieck, Hornburg, Goslar, Hildesheim oder das Eikesche Haus (Tourist-Information) in Einbeck zeigen.

Kaum kommt die Reformation in den oberen städtischen Schichten an, verfestigt sich die Reformation auch institutionell und es werden Superintendenten vom Landesherren ernannt. Institutionalisierung war eine Siegeseigenschaft der späten Reformation, wovon die Ausbildung von Landeskirchen zeugt. Am Ende dieses gesamtgesellschaftlichen Prozesses gehen die Fürsten und Landesherren als Garanten der kirchlichen wie gesellschaftlichen Ordnung gestärkt hervor. Solche Garanten waren für die jeweiligen Fürsten Celle, Wolfenbüttel,

zeitweise auch Gifhorn, Hann. Münden und Osterode a.H., Mansfeld und Eisleben sowie Stolberg.

Alsbald finden wir auf den Straßen Schmalkaldische Truppen und Soldaten des Herzogs Heinrichs des Jüngeren von Braunschweig-Wolfenbüttel. 1542 kommt es zur großen Belagerung von Wolfenbüttel und zur Vertreibung des Herzogs. Dreißig Jahre später ziehen auf diesen Straßen Studenten zur evangelischen Universität von Helmstedt.

Am Ende des Reformationsjahrhunderts (1517-1618) sahen die Städte anders aus und war der Raum um den Harz herum mehrheitlich evangelisch. Allein im Eichsfeld und um Hildesheim gab es katholische "Inseln", die bis heute existieren. Was zu Beginn der Reformation als „altgläubig" beschrieben wurde, wurde allmählich als „katholisch" verstanden.

Auch die katholische Seite durchlief im Reformationsjahrhundert einen Prozess. In Duderstadt und Hildesheim sieht man katholische und evangelische Straßenseiten miteinander im „Hausinschriften"-Disput – ein Disput, der 1517 mit Luthers Thesen begonnen hatte und von seinen Befürworten und Gegnern an den Hauswänden fortgetragen wurde. Diese lange Phase der friedlichen Koexistenz ging dann mit dem verheerenden Dreißigjährigen Krieg zu Ende. Die verbliebenen Zeugnisse des Reformationsjahrhunderts mussten dann noch die Zerstörungen des Zweiten Weltkrieges und der Altstadtmodernisierung der 1960er und 1970er Jahre sowie der Wohnraumgewinnung in den DDR-Altstädten überleben, um heute von den Kulturreisenden und Spurensuchern der Wirkungsgeschichte der Reformation aufgesucht werden zu können. Betrachten wir es also als Glück, wie viel erhalten blieb.

Bedenken wir, wenn wir zur „Junkernschänke" nach Göttingen oder zur St. Annenkirche nach Eisleben reisen, dass wir Kulturreisende uns wieder auf Straßen bewegen – wie damals im Reformationsjahrhundert.

Goslar profitiert vom reformationszeitlichen Netzwerk

Die Reformation wurde entscheidend vorangebracht durch soziale Netzwerke. Man traf sich zum Beispiel in „Humanistenzirkeln" wegen gemeinsamer Interessen hinsichtlich neu aufgetauchter Literatur. Auch das Studium an einer modernen Universität wie der 1502 gegründeten in Wittenberg brachte Menschen aus verschiedenen Städten zusammen. Man schrieb sich Briefe, tauschte Bücher und aktuelle Flugschriften aus und bildete sich so eine Meinung über die neuesten Entwicklungen. Man besuchte sich gegenseitig und disputierte in kleinen Zirkeln oder öffentlichen akademischen Veranstaltungen über die Themen der Zeit. Martin Luthers Entwicklung etwa wäre nicht denkbar ohne den ständigen Austausch mit den Gelehrten seiner Zeit wie Karlstadt, Müntzer, Melanchthon oder Bugenhagen, aber auch Gästen aus ganz Europa.

Neben diesen „großen Namen" gab es auch weniger bekannte: Zahllose Priester, Mönche, Kleriker und Bürger waren auf der Suche nach der Wahrheit, Fernhändler, Buchverkäufer und Handwerker vernetzten die Städte miteinander. So war das auch im Gebiet des nördlichen Harzes. Die Arbeit an der Marktkirchenbibliothek Goslar in den vergangenen Jahren hat solche Personen und ihre Beziehungen zueinander eindrucksvoll ans Licht gebracht. An ihrem Beispiel lässt sich zeigen, wie unterschiedlich die Lebensentscheidungen der Menschen damals waren – und wie gefährlich es sein konnte, sich offen als Anhänger Luthers zu „outen".

Ursprünglich gehörten viele der jetzt in Goslar stehenden Bücher zu einer Privatbibliothek in Halberstadt. Ein dortiger Notar und Kleriker hatte sie gesammelt: Andreas Gronewalt. Er lebte und wirkte in der ersten Hälfte des 16. Jahrhunderts. Gronewalt kaufte eifrig Flugschriften von Anhängern und Gegnern der Reformation: Die Sache interessierte ihn – und manches erschien ihm plausibel, was man seinen handschriftlichen Eintragungen entnehmen kann. Er hielt Kontakt mit anderen Gelehrten, die ebenfalls gespannt verfolgten, was sich in Wittenberg und in anderen Städten des Reiches tat. Dazu gehörte vor allem der Halberstädter Propst des Augustinerstiftes St. Johannis: Eberhard Weidensee. Inspiriert von der Aufbruchstimmung seiner Zeit gründete der eine gelehrte Schule in Halberstadt, an der auch Griechisch und Hebräisch gelehrt wurde. Das war so selten und attraktiv, dass Pädagogen aus den umliegenden Städten – etwa Braunschweig und Goslar - mit ihren Schülern zeitweise dorthin zogen, um zu lernen. Auch auf diese Weise breitete sich das reformatorische Netzwerk aus.

Weidensee lehnte sich mit seiner Schule und mit lutherischen Predigten „weit aus dem Fenster". Das führte 1523 zu Gefangennahme und Flucht. Weidensee wandte sich seitdem völlig der evangelischen Sache zu. Er war einer der entscheidenden Reformatoren von Magdeburg und von Nordschleswig, bis er schließlich 1533 der dritte Superintendent von Goslar wurde. Gronewalt dagegen, sein Gesprächspartner aus Halberstädter Zeiten, blieb in seiner Stadt. Dort, im Einflussbereich von Kardi-

Groenwalts Signaturen

nal Albrecht, war es extrem gefährlich geworden, sich als Anhänger Luthers zu zeigen oder nur eine seiner Schriften zu besitzen. Es kam zu Gewaltexzessen gegen Verdächtige. Gronewalt, der 1521 noch Melanchthon persönlich in Wittenberg begegnet war, hielt sich mehr und mehr zurück und blieb Zeit seines Lebens Katholik. Die Verbindung zu Weidensee blieb dennoch bestehen, was etwa durch

Buchgeschenke nachzuweisen ist: Eine inter-konfessionelle Verbindung! Goslar verdankt diesem frühreformatorischen Netzwerk die wesentlichen Bestände seiner Marktkirchen-Bibliothek. Gronewalt ließ 1535 die meisten seiner Bücher von Halberstadt nach Goslar bringen. In seiner Heimatstadt war ihr Besitz gefährlich, in Goslar brauchte sein Freund Weidensee dringend eine moderne Bibliothek.

Helmut Liersch

Marktplatz mit vergoldetem Reichsadler auf einem mittelalterlichen Brunnen.

Eine Bibliothek der Reformation

Das Stadtbild zur Lutherzeit

Wie sah Goslar zur Reformationszeit aus? Um sich das vorzustellen, braucht man gar nicht allzu viel Phantasie! Die Altstadt zeigt sich bis heute vielerorts in ihrer spätmittelalterlichen und frühneuzeitlichen Gestalt. Sie war eingeschlossen in massive Befestigungsanlagen von etwa sechs Kilometer Länge, die an zahlreichen Stellen rund um die Stadt erhalten geblieben sind und einen Extra-Weg lohnen. Zu bestaunen ist als größte derartige Anlage das „Breite Tor". Letztes Bauwerk dieses Schutzsystems war der Zwinger, der außen auf der Südseite das Datum seiner Errichtung zeigt: 1517.

Die Pfarrkirchen St. Cosmas und Damian, St. Peter und Paul auf dem Frankenberge und St. Jakobi hatten zu Luthers Zeiten schon an die 400 Jahre Goslarsche Geschichte gesehen, ebenso die Klosterkirche Neuwerk. Das Rathaus stammt mit seinem dem Marktplatz zugewandten Teil

aus dem 16. Jahrhundert. Über 60 Gebäude reichen ins 15. Jahrhundert zurück, etwa 100 weitere in die erste Hälfte des 16. Jahrhunderts.

Im Pfalzbezirk, der im südöstlichen Teil der Stadt liegt, haben u.a. der Saalbau („Kaiserpfalz") und die Pfalzkapelle St. Ulrich die Zeiten überdauert. Auch die Vorhalle der Stiftskirche St. Simon und Judas zeugt als jüngerer Rest des im Jahre 1056 geweihten „Domes" von der bedeutenden Geschichte Goslars als Kaiserstadt des Mittelalters. Das imposante Kirchengebäude selber wurde allerdings 1819 auf Abbruch verkauft, weil der verarmten Stadt das Geld zur Unterhaltung des Baus fehlte.

Goslar war seit 1290 bis zur Eingliederung in den preußischen Staat Reichsstadt und damit weitgehend unabhängig vom Einfluss des Adels und der geistlichen Fürsten. Die Stadt erlebte sich angesichts der zahlreichen Kaiserbesuche und der Reichstage über

Blick von der „Breiten Straße" zum Marktplatz; Marktkirche St. Cosmas und Damian.

200 Jahre lang als wichtigstes Zentrum im Heiligen Römischen Reich und konnte sich, nicht zuletzt angesichts seiner Größe und der Vielzahl seiner Sakralbauten, als „nordisches Rom" fühlen. Im 13. Jahrhundert wurde Goslar Mitglied der Hanse und festigte damit seine Stellung als bedeutende Handelsstadt. Die Stadt an der Gose ist aber auch ein zentraler Ort der Reformation.

Die frühen reformatorischen Bestrebungen

Schon bald nach dem Bekanntwerden von Luthers Thesen gegen den Ablasshandel veränderte sich auch in Goslar das religiöse Klima. In Wittenberg und anderswo studierende Goslarer brachten – ebenso wie Kleriker, Händler und Lehrer – das neue Gedankengut in die Stadt. Bereits 1521 endete die lange Reihe der geistlichen Stiftungen, weil man an deren Heilsbedeutung immer weniger glaubte. Im Umfeld der Jakobikirche soll es erste evangelische Predigten gegeben haben.

1522 schreibt Luther einen Brief an einen Geistlichen in der Stadt, der sich mit dem neuen Gedankengut auseinandersetzte.

Dank der Erträge aus dem erzreichen Rammelsberg lebte die Stadt im Wohlstand. Das änderte sich grundlegend, als Herzog Heinrich der Jüngere von Braunschweig-Wolfenbüttel 1525 alte Rechte der Welfen an Bergbau und Forst einforderte und damit der Stadt die Einnahmequelle entzog. So beschleunigte er wider Willen die reformatorischen Bestrebungen. Aus der Bevölkerung heraus wurden 1525 Forderungen an den Rat erhoben: „So das Wort Gottes nicht recht gepredigt wird, sollen abgesetzt werden Pfarrherren oder Prediger!"

Die Angst vor einer Besetzung durch den Herzog führte 1527 zur Zerstörung von vier vor den Toren Goslars gelegenen Klosteranlagen (St.Georg; Petersberg; St.Johannis im Bergedorf; Heiliges Grab).

Die „Kaiserworth" am Marktplatz mit dem bronzenen Marktbrunnen.

Dieser Gewaltakt gründete vor allem in der Befürchtung, dass der Wolfenbütteler Herzog aus den Anlagen heraus, die überwiegend oben auf den Hügeln rings um die Stadt lagen, die Stadt unter Feuer nehmen könnte. Nicht zu unterschätzen ist aber auch die antiklerikale Stimmung in der Bevölkerung. Sie hatte sich aufgestaut, weil die Bevölkerung mehr und mehr Mangel litt, während die überaus zahlreiche Geistlichkeit ihre Privilegien genoss. Außerdem drängte man auf Reformen im Sinne Luthers. Durch den Gewaltakt am 22. Juli 1527 geriet die Stadt unter Anklage beim Reichskammergericht.

Die offizielle Reformation

In seiner Not suchte der Rat einen geeigneten Reformator von außerhalb, denn keiner der über 60 Kleriker an den Pfarrkirchen hatte einen Abschluss in Theologie. Nach dem vergeblichen Versuch im Jahr 1527, Johannes Bugenhagen für Goslar zu gewinnen, gelang es schließlich 1528, Luthers Freund Nikolaus von Amsdorf beim Magdeburger Rat für einige Wochen auszuleihen. Am 14. März 1528 hielt er die erste offizielle lutherische Predigt in Goslar, außerdem entwarf er eine neue Gottesdienstordnung für die Pfarrkirchen. Als erster Superintendent wurde 1528 Johannes Amandus eingeführt. Er errichtete auf dem Gemeindehof in der Nähe der Marktkirche, einem dem Rat der Stadt gehörenden Platz, eine Lateinschule im Sinne von Luthers Appell an alle Ratsherrn im deutschen Land, christliche Schulen einzurichten.

Damit war die Reformation in der Kaiserstadt aber keineswegs durchgesetzt. Der überwiegend altgläubige Rat schwankte nach wie vor zwischen den Forderungen aus der Bevölkerung und den Verboten des

Kaisers. Die Domschule bestand weiterhin, die übrig gebliebenen Klöster beharrten im alten Glauben. Luther war besorgt wegen der unklaren Meldungen aus Goslar: Es war von Bilderstürmerei die Rede, etwa durch den Reformator Anton Corvinus an St.Stephani. So empfing Luther 1529 in Wittenberg eine Delegation, der er schließlich einen bis heute in Goslar erhaltenen Trostbrief an die Gemeinde St. Jakobi mitgab: „Hinfürder helff euch, der bey euch angefangen hat".

Spuren der Reformation

Auf einem Rundgang durch das Stadtzentrum lassen sich die Ereignisse vergegenwärtigen. Die Marktkirche St. Cosmas und Damian galt als Haupt- und Ratskirche und war der Ort der ersten „offiziellen" evangelischen Predigt in Goslar durch Nikolaus von Amsdorf im März 1528. An ihn erinnert neben der Straße „Amsdorfgasse" und dem „Amsdorfhaus" der Marktkirchengemeinde in der Dorothea-Borchers-Straße ein 1907 vom Rat der Stadt gestiftetes Glasfenster im südlichen Querschiff.

Direkt davor steht heute das aus heimischem Erz gegossene Taufbecken von 1573: Es zeigt ein typisch protestantisches Bildprogramm mit ausschließlich biblischen Bezügen. Gleiches gilt für die Kanzel aus dem

Inschrift am Bäckergildehaus von 1557:
„Verbum Domini manet in Aeternum" =
„Das Wort des Herrn bleibt in Ewigkeit".

Jahre 1581, die mittels eines alttestamentlichen Zitates aus Habakuk 2 an der Brüstung indirekt auf die zentrale Lehre Martin Luthers hinweist: „Der Gerechte aber wird durch seinen Glauben leben". Etwas verborgen im nordwestlichen Eingangsbereich erinnern Teile der originalen Luther-Linden aus dem Jahr 1532 und draußen nördlich der Kirche an einer 1989 gepflanzten Linde eine Tafel an die Reformation. In der Nähe des Südeingangs wurde 2013 im Blick auf das Jubiläum 2017 ein „Referenzbaum" gepflanzt, dessen Gegenstück im Wittenberger Luthergarten steht.

Im Rathaus bietet die Ratsstube („Huldigungssaal") samt Trinitatiskapelle aus dem frühen 16. Jahrhundert (ca. 1506 – 1520) einen einzigartigen Einblick in das religiöse Selbstverständnis der Goslarer Eliten am Vorabend der Reformation. Es handelt sich um den früheren Ratssitzungssaal, der komplett mit spätgotischen Tafelgemälden ausgestattet ist. Darauf wird die christliche Heilsgeschichte direkt mit der Weltgeschichte und der Stadt, repräsentiert durch ihre Heiligen, in Verbindung gebracht. Eine multimediale Präsentation in einem verkleinerten Nachbau erläutert das Kunstwerk.

In der Rathausdiele ist ein misslungenes Beispiel der Aktualisierung der Reformationszeit zu betrachten: Der hannoversche Städtetag stiftete Goslar zur 1000-Jahr-Feier 1922 die Glasfenster; eines stellt Heinrich d.J. mit Hakennase dar und zeigt darüber das Gesicht eines Franzosen mit der Inschrift „Versaille". So sollte der Verlust des Rammelsberges durch den Riechenberger Vertrag 1552 mit der Niederlage im 1. Weltkrieg parallel gesetzt und die Schuld bei „den anderen" gesucht werden. Der eigentlichen Reformation als herausragendem städtischen Ereignis wurde kein Fenster gewidmet.

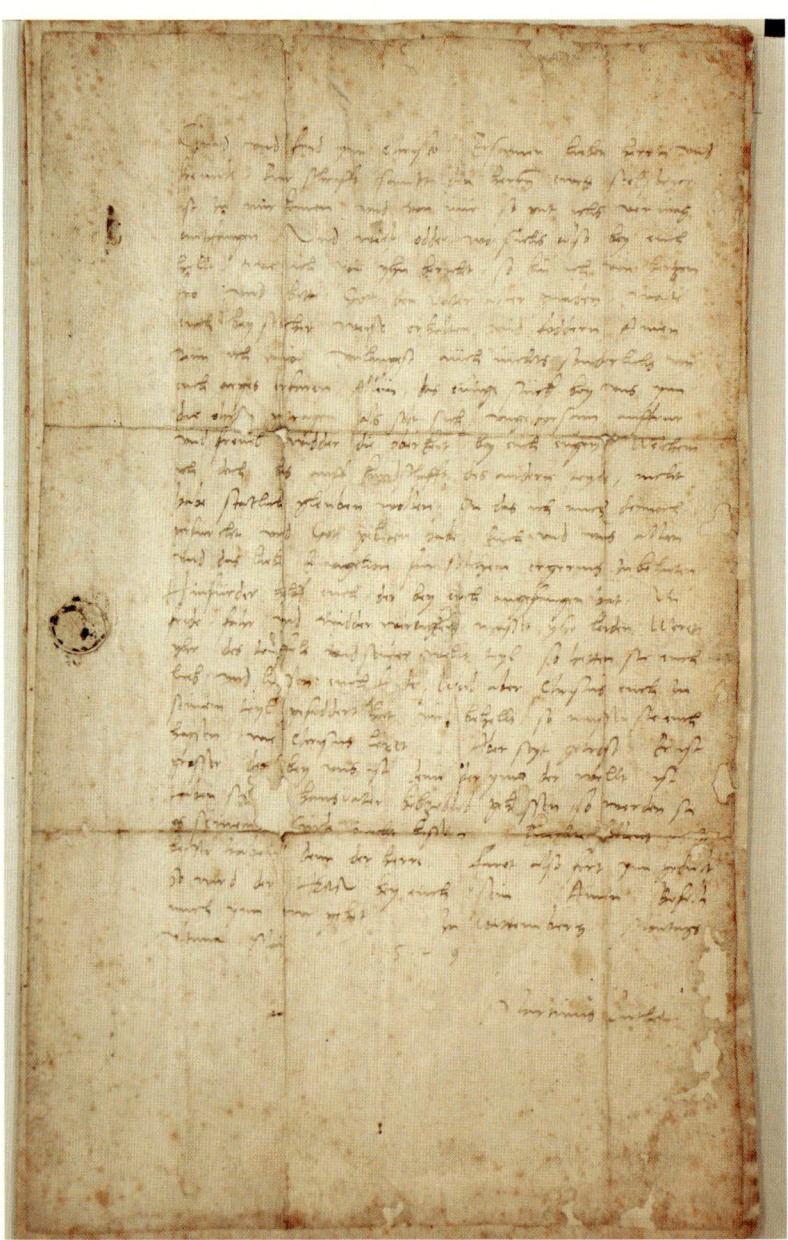

Trostbrief Luthers von 1529 an die Stadt Goslar.

Rathausfenster von 1922: Martin Luther vor Kaiser Karl V.

„1535" am Bibliotheksgebäude der Marktkirche.

*Gedenken an
Nikolaus von Amsdorf
mit Marktkirchenfenster.*

Die erste Ratsschule am „Meiningehof" (heute „Gemeindehof") nahe der Marktkirche entstand 1528 als Konkurrenz zur Schule des „Dom"stiftes, die, wie alle nicht dem Rat unterstehenden Einrichtungen, römisch geblieben war. Den Gemeindehof erreicht man durch die Passage zwischen den Gaststätten „Butterhanne" und „Brauhaus". Das Gebäude steht nicht mehr, auch nicht der Standort ab 1546, mit dem die Schule näher an den Pfalzbezirk gerückt war: Das Sankt-Elisabethen-Haus, ehemaliges Hospital der Deutschordens-Ritter gegenüber dem Großen Heiligen Kreuz am Hohen Weg, worauf eine Gedenktafel hinweist. Aus der 1528 gegründeten Schule entwickelte sich das heutige Ratsgymnasium.

Im Gegensatz zu den 1527 zerstörten Klöstern hatten andere geistliche Gemeinschaftsgebäude die Gewalt überstanden, weil sie innerhalb der Mauern gelegen waren.

Die speziell preußische Variante der Aneignung der Reformation ist im Saal der Kaiserpfalz dargestellt. Martin Luther wird bei seinem Bekenntnis vor Kaiser Karl V. 1521 in Worms gezeigt. Hermann Wislicenus stilisiert ihn im Rahmen des 1897 fertiggestellten Bildprogramms zum „Ahnherrn des preußischen Protestantismus und des ´evangelischen Kaisertums` Wilhelms I." (Gutmann). Lohnend ist auch ein Besuch im Museum der Stadt und im Rammelsberg-Museum.

Marktkirche St. Cosmas und Damian mit dem Anbau von 1535 für die Reformationsbibliothek und der Kanzel (rechts).

Die Bibliothek der Reformation von 1535

Erst der dritte Superintendent von Goslar, Eberhard Weidensee (FOTO)48, konnte in den Jahren 1533 – 1547 die Reformation in Goslar einigermaßen festigen. Er war bereits verantwortlich gewesen für die frühen reformatorischen Ansätze in Halberstadt, die in

Verfolgungen und Verhaftungen ihr Ende gefunden hatten. Nach einem Wittenberg-Aufenthalt war Weidensee zum Reformator in Magdeburg und in Nordschleswig geworden – dort gemeinsam mit dem Goslarer Lehrer Johann Wendt, dem späteren ersten Bischof von Ribe in Dänemark. Weidensee

Nordseite des Anbaus von 1535 für die Reformationsbibliothek aus Halberstadt.

Helmut Liersch bereitet die Schriften und Bücher der Reformationsbibliothek auf.

hatte bereits um 1522 in Halberstadt eine kleine Universität im Sinne des Humanismus und der Reformatoren betrieben, zu der es auch Kinder reicher Goslarer „samt ihren Pädagogen" gezogen hatte.

Weidensee war es, der 1535 Luthers 1524 formulierte Forderung nach guten Buchbeständen in den Städten erfüllte. Er gründete die heute noch bestehende Marktkirchen-Bibliothek Goslar.

Grundstock war – wie der Reutlinger Forscher Ulrich Bubenheimer herausgefunden hat - die Büchersammlung des Halberstädter Klerikers Andreas Gronewalt, der nach und nach ein Anhänger der Reformation geworden war und sogar handschriftliche Einträge von Melanchthon in seinen Büchern hatte. Er überließ im Alter die Bände seinem Freund Weidensee, weil deutlich wurde, dass in Halberstadt reformatorische Regungen weiterhin untersagt blieben. Das Gebäude wurde an die Marktkirche angebaut und dürfte der erste reformationszeitliche Neubau überhaupt sein. Zu den aus Halberstadt gekommenen Werken gehört Luthers erste Ausgabe des Neuen Testamentes, das „Septembertestament" von 1522. Die Bibliothek enthält als Unikat das erste Gemeindegesangbuch überhaupt, das 1524 erschienene „Erfurter Färbefaß-Enchiridion" mit Luthers erstem Lied.

In diesem Gebäude kam auch das Konsistorium zusammen, das nach der Loslösung von der Diözese Hildesheim die Organisation der kirchlichen Belange übernommen hatte. Die Oberaufsicht („Bischofs"-Funktion) hatte der Rat der Stadt, in Streitfällen schlichtete das Konsistorium in Wittenberg. Goslar war damit eine eigenständige Kirche geworden und regelte Angelegenheiten wie das Armenwesen, die Ehesachen, das Schulwesen und die geistliche Versorgung der Pfarren aus eigener Vollmacht. An der Spitze der Pfarrerschaft stand bis 1600 der Superintendent. Erste Grundlage war die 1531 von Nikolaus von Amsdorf verfasste Kirchenordnung; 1555 kam eine Konsistorialordnung hinzu. Angesichts dieser Funktionen kann man das Gebäude als „Goslarer Kirchenamt" bezeichnen.

Die Klöster lagen so nah vor der Stadtbefestigung, dass die Bürger sie dem Erdboden gleich machten, um keinem Feind die Möglichkeit zu geben, die Stadt von dort aus zu beschießen. Von der Ruine des Georgenstiftes (Foto links) aus sieht man einen Turm.

Tourist-Information

GOSLAR marketing gmbh
Markt 7, 38640 Goslar
Tel.: +49 53 21 / 780 6 60
www.marketing@goslar.de

Der mittelalterliche Grundriss ist noch heute gut zu erkennen.

Frühe Mission und frühe Reformation

Nach der Überlieferung ist das Christentum nördlich des Harzes von einem Missionszentrum ausgegangen, das Karl der Große 780 in Saligenstedt am Ort des heutigen Osterwiecks gegründet hat. Erst im zweiten Jahrzehnt des 9. Jhs. dürfte es an den späteren Bischofssitz Halberstadt verlegt worden sein. Für den Handelsort (Wiek) der ›Austeroleudi (Ostleute)‹ bei Saligenstedt setzte sich allmählich der Name Osterwieck durch. Für diesen der kaiserlichen Pfalz Werla

benachbarten Markt verlieh Otto II. dem Halberstädter Bischof das erste Zoll- und Münzrecht in seinem Bistum. 1073 war die Siedlung unter dem Namen „Ostrewic" einer der Treffpunkte der sächsischen Adelsopposition gegen Heinrich IV., 1215 wird Osterwieck erstmals als Stadt bezeichnet.

Nur die romanische Turmfront von St. Stephani (Abb. 02: Turmfront von St. Stephani), die Nikolaikirche (Abb. 03: Nikolaikirche), der Grundriss (Abb. 04:

2: Turmfront von St. Stephani,

3: Nikolaikirche,

5: Rathaus.

4: Grundriss der ältesten Stadt.

Grundriss der ältesten Stadt) des ältesten Altstadtbereichs und altes Mauerwerk in Kellern und im Rathaus (Abb. 05: Rathaus) legen heute noch Zeugnis ab von der hochmittelalterlichen Stadt, die nach einer Ilseflut 1495 neuerbaut werden musste, ab 1517 im Jahrhundert der Reformation.

30 Jahre bevor sich diese 1564 im Bistum durchsetzen konnte, hatte sich Osterwieck ihr schon 1535 angeschlossen. Die seitdem nachweisbare, für den Protestantismus typische Führung der Kirchenrechnungsbücher unter Kontrolle des Rats zeigt, dass das Auf und Ab des schmalkaldischen Krieges die weitere Festigung der Reformation nicht gestört hat – obwohl sich die Bürger der katholisch fürstbischöflichen Stadt unverhohlen durch ihre Hausinschriften mit den protestantischen Fürsten und Städten solidarisiert haben.

Gleichzeitiger Stadt- und Kirchenbau

Als um 1552 der Stern Kaiser Karls V. erkennbar im Sinken war und in Halberstadt der Bischofsstuhl vorübergehend unbesetzt blieb, beschlossen Rat und Kirchengemeinde, das alte Kirchenschiff zwischen der Turmfront und dem schon 1516 erneuerten Chor abzureißen und errichteten bis 1557 eines der ersten protestantischen stadtkirchlichen Bauwerke (Abb. 06: Kirchenschiff von 1557 mit Chor von 1516). Seit der Einweihung

der Schlosskirche in Torgau noch durch Martin Luther war so etwas bisher nicht vorgekommen. Dass die Stadt den Neubau unter Schonung des an die Bürger ausgeliehenen Kirchenvermögens bezahlen konnte, war einem Rat zu verdanken, dessen Mitglieder oft Kirchenvorsteher gewesen waren, bevor sie als Ratsherren ebenso den Kirchenbau förderten wie sie alljährlich die Kirchenabrechnungen kontrollierten und darauf achteten, dass die Bürger die Zinsen für ihre Darlehen an die Kirchenkasse zahlten – ein bisher so nur in Osterwieck nachgewiesenes kirchengemeindlich-kommunales Finanzmodell.

Aus der alten Kirche sind im Chor nur der Altar mit (Abb. 07: Altar von 1484) Marienkrönung und Passionsseite von 1484 und die Erztaufe (Abb.

08: Erztaufe aus dem 13. Jh.) aus dem 13. Jh. erhalten. Neben biblischen Bildern an den Emporen (Abb. 09: Emporen) prägen in einzigartiger Weise 194 Wappen von Bürgermeistern, Kämmerern, Ratsherren, Kirchenvorstehern, Handwerkern (Abb. 10: Pantoffelmacher) und auch Adeligen (Abb. 11: Adelswappen) die schon vom Geist der Renaissance durchwehte Spätgotik des im Jahr des Augsburger Religionsfriedens gewölbten Kirchenschiffs. Mit Sandsteinreliefs auf Schlusssteinen (Abb. 12: Ratsherren-Schlussstein) und Konsolen (Abb. 13: Konsole des Steinmetz Tetteborn), an Pfeilern und Arkadenbögen (Abb. 14: Bürgermeister- und Kämmererwappen) und auch an den Emporen (Abb.

18

15: Emporenbrüstungs-Wappen) und der Kanzel (Abb. 16: Hedtling- u. Uplingwappen auf der Kanzel) haben sie sich so (Abb. 17: Christus-Eckstein-Schlussstein) als „Bürger mit den Heiligen und Gottes Hausgenossen" in ihrer Kirche verewigt, in der „Christus der Eckstein" ist.

Aus der Kirche nahmen die Bürger das Wort der ›Biblia Deutsch‹ Martin Luthers mit in die Stadt und ließen es als Bekenntnis zur Reformation Buchstabe für Buchstabe in die Stockschwellen und Brüstungsbohlen ihrer Häuser einschnitzen. Sparsamer farbig gefasst als heute üblich ist so das biblische Wort an 41 Häusern noch heute stadtbildprägend.

Wenn von den zitierten Texten fast die Hälfte Psalmen sind, so entsprach auch das einem Anliegen des Reformators. Die Vorworte, die er den Psalm-Übersetzungen voransetzte, belegen das. Beispielhaft dafür sind die Häuser Sonnenklee 40 (Abb. 18: Sonnenklee 40) und Mittelstr. 20 (Abb. 19. u. 20: Mittelstr. 20), an dem an zwei Stockwerken und bis unter den Dachvorstand 11 Verse aus 9 Psalmen nachlesbar sind, viele davon findet man nur in Osterwieck zitiert.

19

20

In der Tradition der frühen Bekenntnis-Inschriften um 1534 (siehe Seite …) stehen solche, deren Aussagen betont kämpferisch formuliert sind – blieb doch die konfessionelle Frage in dem von einem katholischen Domdechanten verwalteten Fürstbistum trotz eines protestantischen Bischofs als Landesherrn letztlich bis zum Westfälischen Frieden in der Schwebe – noch 1626 war eine Gegenreformation abzuwehren. Nirgends kommt das Wort ›Allein‹ so oft vor:

Allein der uns erlöset hat – Allein Gott baut und wacht (Abb. 21: Am Markt 14) – Allein Gottes Wort ewig besteht (Abb. 22: Schützenstr. 2) – Allein dem Herrn

die Ehre – Gott allein die Ehre (Abb. 23: Schulzenstr. 9) –All mein tun zu aller Frist – Gott sei allein der Mann – Allein zu Christ mein Hoffnung ist (Abb. 24: Mittelstr. 27) – Gottes allein ist was ich bin – Lass Gott allein dein Zuflucht sein – An Gottes Segen ist alles gelegen – All mein Vertrauen. Ähnlich sind Formulierungen wie „umsonst – höchste Weisheit – fester, rechter, wahrer Glaube (Abb. 25: Hagen 28).

Etwas ganz Einzigartiges ist die Einfügung eines Textes aus Luthers Kleinem Katechismus: „das Zeitliche und hernacher das Ewige durch die Gnade Gottes reichlich" in ein Zitat aus Mt.6,33. Die Stelle dieser Texteinfügung markieren die Christussymbole Löwe und Greif an der Stockwerksecke des Hauses Neukirchenstr. 37 (Abb. 26: Neukirchenstr. 37).

Das Haus Kapellenstr. 42 (Abb. 27 u. 28: Kapellenstr. 42) fällt durch Texte auf Brüstungsbohlen auf, die in vielfacher Weise Soli deo gloria in Deutsch und Latein variieren. Gelehrsamkeit findet sich auch an der Nikolaistr. 2, wo 21 Brüstungsbohlen, die überwiegend lateinische Weisheiten zitieren, der Renovierung harren.

An die Neider wendet sich der Hausherr ebenfalls in Latein auf diesen zwei Tafeln (Abb. 29: Nikolaistr. 2): „Wenn du hier vorbeigehst und das Unsere betrachtest, ohne es selbst zu bauen, sollst du entweder das Meine nicht kritisieren oder aber selbst Besseres bauen" und „Mit Gottes Hilfe und dem Geld des Röber wurde ich errichtet, damit der abscheuliche Crodus vor Neid platze" Noch Arroganteres findet sich ebenfalls in Latein hoch oben unter

der Dachtraufe der Kapellenstr. 35 (Abb. 30: Kapellenstr. 35) „ SI ME CHRISTUS AMAT SI ME SUSTENANT ET ORNAT – Wenn mich Christus liebt, wenn er mich unterhält und schmückt, können wohl Frau und Mann neidisch sein auf meine Dinge. Die offenen Mäuler und das windige Gezische des dummen Pöbels, die durch Christus herrschende Tugend zähmt sie."

Es bedurfte wohl der Erfahrungen des 30jährigen Krieges, damit 1677 am Stephanikirchhof 5 (Abb. 31 a: Stephanikirchhof 5) die einzigartige, trotz ihrer schlichten Ausführung geradezu zeitlos prophetisch gebliebene Inschrift entstehen konnte: NICHT DIE ANSTOSSENDEN NACHBARN, SONDERN RATHAUS,KIRCHE UND SCHULE

30

SIND MEINE HÜTER UND GOTT MEIN BEGLEITER, SOLANGE DAS RATHAUS IN BLÜTE STEHT, DIE KIRCHE GEDEIHT, DIE SCHULE BLEIBT UND GOTT DER SCHIRMHERR IST, GEDEIHE, BLÜHE UND BLEIBE AUCH ICH.

Die ›alte Stadt Osterwieck‹ ist zwar noch das Zentrum aber dennoch nur ein ›Ortsteil‹ der ›Einheitsgemeinde Stadt Osterwieck‹, die Schule und das Gasthaus sind geschlossen. Es wartet seit Jahren auf eine Wiedereröffnung – das so strahlend neu wieder auferstandene Kirchenschiff von St. Stephani könnte seine Chance sein, denn (Abb. 31b: Stephanikirchhof 5): „… Templum viget …Comes est … vigeo, floreo duro deus – SOLANGE … DIE KIRCHE GEDEIHT … UND GOTT DER SCHIRMHERR IST, GEDEIHE, BLÜHE UND BLEIBE AUCH ICH."

31a

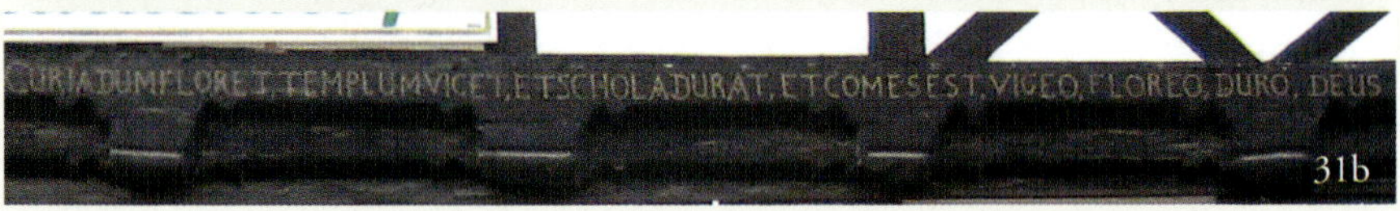

31b

Tourist- und Stadtinformation

Am Markt 10
38835 Osterwieck
Tel.: +49 3 94 21 / 79 35 55
www.stadt-osterwieck.de

Hornburg – eine Stadt spiegelt das gestiegene Selbstbewusstsein des Bürgertums

Hornburg heißt nach seiner Burg – und die Straßen der Altstadt verlaufen auch um den zentralen Schlossberg, aber die Stadt erscheint uns heute zuerst als eine Fachwerkstad t mit der Marienkirche. Diese Stadt bewahrt in ihren Hausinschriften, in ihrer Lateinschule, Unterpfarre und in ihrer Marienkirche von 1616 die Erinnerung an eine Generation von Stadtbürgerfamilien, die nicht nur Stadtgeschichte schrieben, sondern auch zahlreiche Stadtobjekte als Zeugnisse des Reformationsjahrhunderts schufen. Diese Zeugnisse konzentrieren sich auf den Zeitraum 1540 bis 1618.

400 Jahre vor dem Neubau der Marienkirche (1613-1616) gab es bereits eine

Marienkapelle, an der ein gewisser Dithelm Dienst hatte, der zugleich Pfarrer in Westerode war; Westerode fiel wüst und lag im heutigen Stadtgebiet von Hornburg. Die Siedlung unterhalb der „Horneburg" entwickelte sich zum Marktort, der 1552 vom Stadtherrn, dem Bischof von Halberstadt (Friedrich III. 1550-1552), das Recht zur Selbstverwaltung von Marktangelegenheiten erhielt. Daran erinnert das Stadtwappen am „Dammtor" mit der Jahreszahl „1552".

Die Stadtbürger von Hornburg waren seit den 1540er Jahren soweit, dass sie erste Häuser mit neuem Fachwerkschmuck wie Fächerrosetten auf den Ständern und Winkelhölzern errichteten: Wasserstraße 3, 1540; Hagenstraße 6, 1541. Bald darauf entstanden noch anspruchsvollere Fachwerkornamentik am neuen Rathaus von 1545, Pfarrhofstraße 5, und an der Lateinschule aus demselben Jahr im Pfarrhofwinkel. Weitere mit Jahreszahl versehene Gebäude verstärken den Eindruck, das das hausbauende Stadtbürgertum Häuser als Ausdruck ihres gestiegenen Selbstbewusstseins schufen: Damm 7 (mit Ankerbalken), 1548; Wasserstraße 13, 1549 (vgl. das Geschwisterhaus von Mittelstraße 1, 1549, Osterwieck).

Darstellung der Burg Hornburg, 1552, St. Stephani, Osterwieck

Für 1552 wird die Bestallung des Heinrich Mack zum Pfarrer angenommen: Unter ihm wurde 1553 die Reformation eingeführt und 1554 ein kirchlicher Speicher errichtet, von dem noch die Saumschwellen mit den Inschriften (Knick 15) zeugen. Aus der Zeit der Einführung der Reformation soll auch jenes Altarbild stammen, welches in der Marienkirche, nördlich der Orgel, hängt.

Für Hornburg finden sich wenigstens fünf „Dynastien" von Pfarrfamilien, die in Hornburg Häuser besaßen: Mack/Magius (Knick 15), Grotecordes (Wasserstr. XZ, 1567), Wernecke (Wasserstraße 14, 1560), Corvinus (Unterpfarre, 1618) und Poling (Knick 17).

Für die Zeit vor der Jahrhundertwende 1599/1600 verzeichnet das Bürgerbuch der Marktgemeinde einen starken Anstieg an Erwerb von Bürgerschaften. Die Marktgemeinde wuchs – und mit ihr auch ihr Selbstbewusstsein. 1561

entstand die „Stadtkämmerei" (Marktstraße 8); Stadtkämmerer Valentin Mitgau hinterließ 1563 ein überaus prächtiges Beispiel des bürgerlichen wie auch persönlichen Selbstbewusstseins: „Wasserstraße 2". Wer dieses Haus mit „Wasserstraße 5" von 1508 schräg gegenüber vergleicht, ahnt, welche Kräfte die Reformation freisetzte.

Lutherdarstellung im Fachwerk, 1559, Heimatmuseum Hornburg

Lateinschule von 1545 mit Inschriftenbalken, der den Wert der Bildung für die Jugend hervorhebt. Die Namen der genannten Familien finden sich im Ort, in der Kirche und an der Schule wieder.

Neben dem Haus „Wasserstraße 2" besteht heute eine Lücke; von dem Haus, das hier einst stand, bewahrt das Heimatmuseum die Saumschwelle mit der Darstellung von Martin Luther und Melanchthon (1559). Zahlreich sind die Hausinschriften mit religiösen Inhalten. Gern wurde das Buch „Jesus Ben Sirach", Kapitel 1, zitiert: Wasserstraße 2 (1563), Unterpfarrwinkel 7 (1569), Wasserstraße 24 (1577), Pfarrhofstraße 13 (1604), Pfarrhofstraße 9 (1609); ein Zitat aus diesem Buch findet sich auch an der Lateinschule von Alfeld/Leine (S. 137).

Anfang des 17. Jahrhunderts entstanden einige wichtige öffentliche Gebäude: die Hagen-Mühle (1604, Hagenstraße 31), die Ratsapotheke (Ecke Markt/ Marktstraße) mit den Psalmen 37 und 121. Wir fassen damit zwei Phasen des schöpferischen Tuns der Stadtoberen, 1545 mit der Lateinschule und dem Neubau des Rathauses sowie 1609 der Neubau der Ratsapotheke und dem Neubau der Marienkirche (1613-1616). Dazwischen lagen jene Jahre, in denen das städtische Bürgertum sich als ein Gewinner der Reformation fühlen durfte. Von diesem gestiegenen

Rathaus-"Neubau" von 1545; der vordere Bereich wurde im Dreißigjährigen Krieg zerstört und neu errichtet (Eingang zur Tourist-Information).

Selbstwertgefühl zeugen Häuser, die auch abseits des Marktplatzes entstanden: „Wasserstraße 1" mit zahlreichen religiösen Motiven (1590), Wasserstraße 56 (1592), „Marktstraße 18" mit Renaissancearkaden (vor 1594) sowie „Marktstraße 16" (1594). Höhepunkt dieser Entwicklung war Anfang des

„Unterpfarre" von 1618 mit den Namen der Hornburger Bürger und Bürgermeister; heute Privatgelände.

Am Marktplatz: Erker der ehemligen Ratsapotheke (1609) mit der einstigen Kämmerei (1561) im Hintergrund.

17. Jahrhunderts die Planungen für eine (neue) Ratsapotheke und für den Neubau der Marienkirche. Das Amt ließ seine „Hagenmühle" 1604 neu errichten (Hagenstraße 31); die Ratsapotheke (Marktstraße 14, 1609) zitiert die Psalmen 37 und 121; ein großer Anker ziert die Tür des Aufzugs im Dachgeschoss: das Symbol für die „Hoffnung" aus dem Paulus-Wort von „Glaube, Liebe und Hoffnung". Die Mächtigkeit wie Pracht des Erkers und die geschwungene Holzwinkelverzierung machen die einstige Ratsapotheke zum schönsten Fachwerkhaus Hornburgs.

Triebkräfte zum Neubau der Marienkirche waren die Hornburger Pfarrer, denen in der neuen Kirche mehrfach

gedacht wurde: Epitaphien aus Holz, Nennung auf der Nordempore, Nenung auf einer Metalltafel an der Sakristeisäule. An erster Stelle ist Heinrich Mack/Statius Magius zu nennen, in dessen Amtszeit die ersten Überlegungen zum Neubau vorgenommen wurden (er starb 1604), an zweiter Stelle Sebastian Wernecke (1577/1604-1619), ab 1604 unterstützt durch Pfarrer Andreas Corvinus aus Haldensleben (1604/1619-1646).

Von der Vorgängerkirche wurde das Marienpatrozinium, der Taufstein von 1581 sowie drei Steinepitaphe, die beiden Portale der Nordseite sowie die Sakristei übernommen.

Der Altar selbst wurde ebenfalls wieder verwendet und nach Osten verschoben. Der Altaraufbau von 1617 ist um ungefähr 20 Zentimeter breiter als der steinerne Altar, so dass man seitlich Bretter an den Altar anbrachte, die, mit einer Decke verdeckt, vom Kirchenschiff aus gesehen den Eindruck vermitteln, als ob der Altaraufbau für den Altar passgenau entstanden wäre.

An Epitaphien wurden übernommen: vom Amtmann Hans von Randow (1572, Amtshauptmann 1555-1572 Heinrich von Randow starb 1586, auf ihn folgt dessen Bruder Friedrich, Stifter der Kanzel), Ilse von Randow (1572), vierjährig verstorben, kurz nach ihrem Vater sowie Hauptmann Johann von Lehate (1584).

An Holzepitaphien wurden aus der Vorgängerkirche übernommen. Blasius

Marienkirche mit Kanzel (1616) und Altar (1617) der Stifterfamilie von Randow.

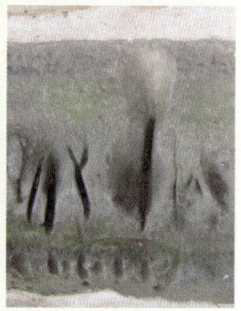

Vorreformatorische Traditionen blieben bewahrt:

Oben: die alte Sakristei im Neubau von 1616.

Rechts: die Position des Taufsteins im Westen der Kirche.

Ganz rechts: Wetzspuren von Messern am Südeingang der Kirche.

Glander, gest. 1600, Pastor Heinrich Mack (Magius), gest. +1604, Elisabeth Fuermans, Ehefrau von Alhardt Scharen, gest. 1604.

Baumeister war Merten Ihlenburgk (Martin Eilenburg) aus Kroppenstedt. Er wurde von den Pastoren, dem Amtmann, den Bürgermeistern und weite-

ren Personen der Hornburger Oberschicht gerufen und bei der Ansicht der alten Vorgängerkirche am 17. Juli 1612 begleitet.

In einem Schreiben vom 18. Februar 1613 geht hervor, dass man die Baupläne überdachte und an die gewachsene Größe der Gemeinde anpasste. Die

*Das „Altarbild der Reformation" stellt
das Abendmahl in den Mittelpunkt.
Im unteren Drittel dominieren Szenen
mit Maria (Marienpatrozinium):
Verkündigung, Geburt.
Erstaunlich genug, dass die Gemeinde
damals Landschaftsszenen mit anbringen ließ: Man sieht eine mächtige
Befestigungsanlage und eine Wassermühle
vor den Mauern. Wenn man die
Besonderheit Hornburgs bedenkt,
eine mächtige Verteidigungsanlage des
Halberstädter Bischofs zu sein mit der
Hagenmühle des Amtes am Ortsrand, so
deutet sich darin auch der Auftraggeber
des Altarbildes an: der Inhaber des Amtes.
Die Stifter der Kanzel und des Altarbildes
von 1616/1617 stünden damit in der
Tradition der Stifter des Altarbildes von
um 1553.*

Kirche soll nun „erbawet und erweitert
werden", da der „ortt und gelegenheit
aber sehr gering und klein" sind, muss
man „mit dem chor in den pfarrhof
schreiten". Vor dem Hintergrund, dass
die Pfarrer einsahen, welchen Gewinn
das neue Gebäude für den Glauben
bedeutete, stimmten sie dem Verlust
eines Teiles ihres Pfarrgartens zu.

Die neue Kirche erhielt neue Funda-
mente, das Sockelfundament der Kirche
– vom Chor bis zum Turm – ist ein-
heitlich. „Den thorm will er uber den
steinweg nach der Ilsen neu anlegen,

von grunde aufmauren" (Ratsarchiv
Hornburg Nr. 670, ohne Datum), in
dieser Beschreibung findet der heute
noch existente steinerne Rundgang
am Turm Erwähnung. Damit ist der
„Steinweg" selbst aus der Zeit vor dem
Neubau der Kirche dokumentiert.

Im Sommer 1613 wurde mit dem
Abriss der Vorgängerkirche begonnen.

Als Zimmermeister wurde der Hornburger Hinrich bestellt. 1614 wird
Tannenholz aus dem Wald von Bünd-
heim (Bad Harzburg), der dem Herzog

von Braunschweig gehört, erbeten. Aus dem benachbarten Hedeper (nördlich des Großen Bruchs) wurden Steine gebrochen, die von Hörigen der Burg Schlanstedt mit 18 Wagen nach Hornburg geschafft werden mussten. Die Steine des Turmes dagegen sowie der Fenster stammen aus einem Steinbruch bei Schlanstedt selbst.

Im Februar 1615 wurde ein Vertrag mit dem Zimmermeister Heinrich Hilgendorf aus Halberstadt über den Bau des Dachstuhls geschlossen; eine Arbeit, die zum Ende November 1615 endete.

1616 war das Hornburger Meisterstück fertig; die Hornburger ließen auf der Nordempore ihre Namen anbringen, Namen die wir an der „Unterpfarre"

(Unterpfarrswinkel, 1618), an der Lateinschule und an den Häusern der Bürger wieder finden. Zum Beispiel von Thile Wagenführ, der an der Nordempore gleich nach den beiden Pfarrern aufgeführt wird („Wasserstr. 24" 1577, „Vorwerk 5" Ende 16. Jh., „Schlossbergstr. 12" 1588 und „Unterpfarre" 1618), wobei es sich auch um zwei verschiedene Personen handeln könnte. Wer sich auf einen Spaziergang durch Hornburg begibt, trifft auf die Namen von Stadtbürgern, die den Aufstieg Hornburgs 1545-1616 erlebten und auf deren Häuser mit ihrem variantenreichen Fachwerkschmuck sowie nicht zuletzt auf ihre Marienkirche, deren Klangerlebnis wir mit dem der Bürger von damals teilen dürfen.

Das Hornburger Altstadttheater bei einer seiner populären Aufführungen: Hier das Schicksal der Anna Landmann, die Ende des 16. Jahrhunderts in Hornburg als Hexe verbrannt wurde.

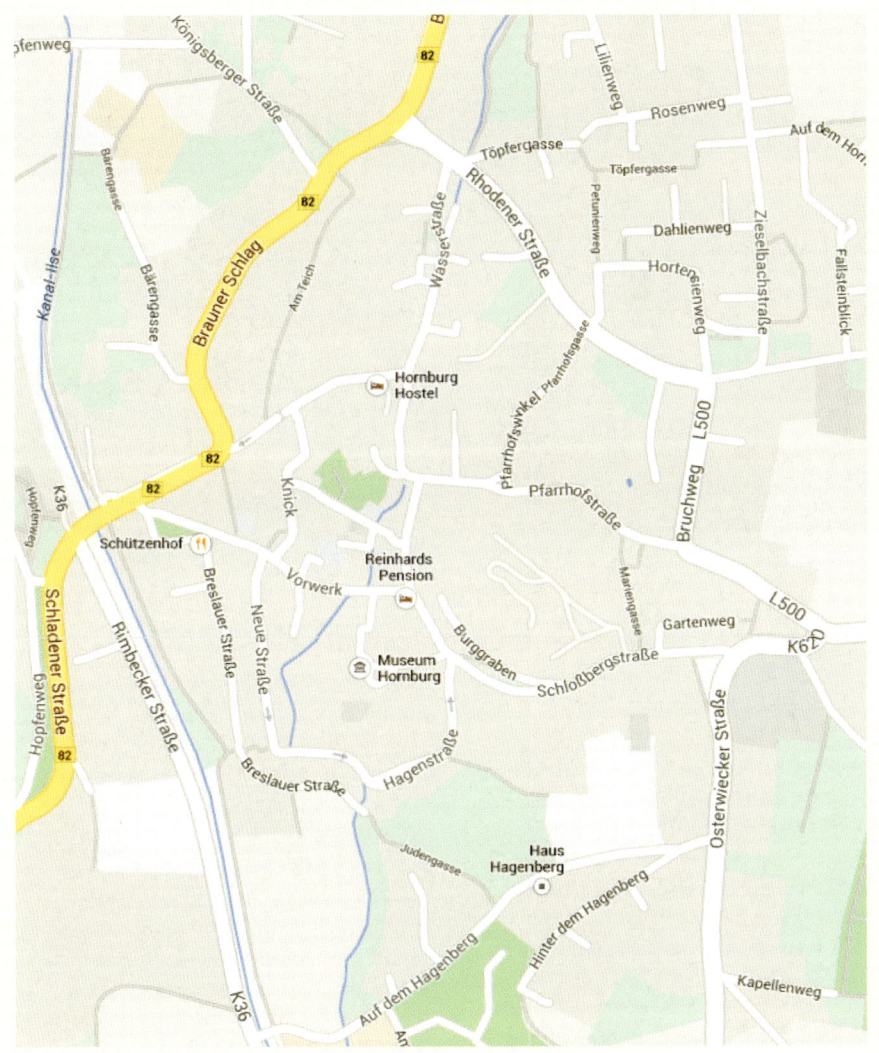

**Tourist-Information
der Stadt Hornburg**

Pfarrhofstraße 5
38315 Hornburg
Tel.: +49 53 34 / 94 91 0
www.schladen-werla.de

Marktplatz mit St. Jakobi.

Der Einbecker Vertrag als Vorbild für konfessionellen Frieden

Einbeck war durch sein Bier („Einbecker Bier") eine weithin bekannte Stadt. In Wittenberg wurde Martin Luther und seiner Frau Katharina vom Rat der Stadt Wittenberg zur Gelegenheit ihrer Hochzeit 1525 „Einbecker Bier" geschenkt. Einen weitere Begebenheit ist für Martin Luther mit dem Bier aus Einbeck verbunden: Herzog Erich I. von Branschweig-Lüneburg, Anteil Göttingen-Calenberg (siehe Kapitel über Hann. Münden), hatte 1521 dem nervösen Luther vor seiner Rede auf dem Reichstag zu Worms eine Kanne „Einbecker" reichen lassen.

Über 60 Böttchermeister stellten in Einbeck Fässer her; das Korn wurde aus dem ganzen Talbereich der Ilme nach Einbeck verbracht. Zahlreiche Fuhrleute stellten sicher, dass der Handel niemals stockte. Das „Einbecker" war der Exportschlager der Handelsstadt, die sich um das Stift St. Alexandri entwickelt hatte. Alles hatte mit der Gründung des Stiftes St. Alexandri oberhalb des alten Dorfes Einbeck begonnen. Zwischen dem Stift und dem Fluss Ilme kreuzte der Fernweg vom Wesertal zum Harz mit dem Leine-Heide-Fernweg.

Die gute Einbindung in das Wegenetz der Zeit ist neben der mittelalterlichen Gründung des Stiftes ein weiterer Grund für die gute Entwicklung der Marktgemeinde. Auf dem Marktplatz entstand die Kirche St. Jakobi, das Rathaus, die Apotheke und Bürgerhäuser, die vom Wohlstand der Stadt zeugten. Auch wenn die Stadt dem Landesherrn, dem Herzog von Braunschweig-Lüneburg, Anteil Grubenhagen, unterstand, so erfreute sich der Stadtrat des Vertrauen ihres Stadtherrn. Aus einem Kreis von ungefähr einem Dutzend Ratsfamilien vererbte sich der Platz im Stadtrat. Der Handel lag fest in den

St. Alexandri, Bau von 1566.

Händen dieser Familien, die in das Patriziat anderer Städte einheirateten. Aus den 2000 Häusern der Stadt kamen im Kriegsfall bis zu 1200 Mann zusammen. Einbeck war damit nicht nur ein Wirtschaftsfaktor für den Landesherrn, sondern auch ein gewichtiger militärischer Beitrag zur Handlungsfähigkeit des Herzogs. Die Wirtschaftskraft der Stadt war so stark, dass wir heute immer noch eine schier vollständige wie auch reich verzierte Fachwerkstadt durchwandeln kön-

nen, obwohl 1540 und 1549 zwei schwere Brände die Stadt erschütterten.

Für die Durchsetzung der Reformation in Einbeck war das Kräftedreieck aus Stift und Stadtrat auf der einen Seite, den evangelisch gesinnten Handwerkern auf der zweiten Seite und zum Dritten des neutralen Stadt- und Landesherrn Philipp I. von Grubenhagen (siehe auch Kapitel über Osterode am Harz) Voraussetzung.

„Tiedexer Straße 20": „Verbum Domini manet in Eternum" von 1556.

„Marktstraße": Das Licht fällt auf die Buchstaben, die abgekürzt für „Verbum Domini manet in Eternum" stehen.

Die Handelskontakte brachten schon früh das Wissen um Luther und seine Kritik am Ablasshandel nach Einbeck. Luthers Schriften waren ein echter Verkaufsschlager für die Druckereien. Für 1522 erfahren wir von Johannes Erbbrecht, Pfarrer in Hullersen (vor Einbeck), der das Abendmahl nach Luther in beiderlei Gestalt ausgab. Zu ihm hinaus strömten die ersten Evangelischen, was den Stiftsherren von St. Alexandri alsbald ein Dorn im Auge war. Sie ließen Erbbrecht einkerkern. Zur zweiten Keimzelle der Reformation wurde das Augustinerkloster selbst, wo 1524 es der Augustinermönch Johann Dornwelle selbst war, der evangelisch zu predigen begann. Die Klosterkirche konnte bald die Gottesdienstbesucher nicht mehr fassen. Wieder schritten die Stiftsherren ein und setzten durch, dass Dornwelle und sein Umfeld schweigen musste. Ein Jahr später aber erfahren wir von Gottschalk Kropp, Prior des Augustinerklosters zu Herford, der bei seinen evangelischen Brüdern in Einbeck weilt, um ihr Tun zu stärken. In Einbeck waren es die Angehörigen der Handwerkergilden, vor allem der Schuhmacher, Schneider und Kürschner, die der Lehre Luthers sehr zugetan waren, während die Kaufleute aus dem Stadtpatriziat der

Typisch Einbeck: Die Saumschwellen ehemaliger Hauserker waren oft reich geschnitzt. - wie hier an der Ecke Marktstraße/Tiedexer Straße.

Einbecker Bürgerhäuser leisteten sich als Zeichen ihres Wohlstandes" Erker – wie hier am Städtischen Museum, dem „Radhaus" („Steinweg 11"). Blick vom Städtischen Museum zur Marktkirche.

„Haspel 5": „Ist Gott mit uns, wer mag gegen uns sein" (Römer 8), von 1594.

Die bunte Bemalung des Fachwerks entstand erst Jahrhunderte, nachdem die Häuser gebaut wurden, ursprünglich waren sie monochrom.

Erker am historischen Rathaus von Einbeck (1591). Oft ist die Schrift goldfarben und dadurch in ihrer Schönheit betont.

Auch und gerade im Reformationsjahrhundert ging es um die Frage der Gerechtigkeit: Die Darstellung der Justitia am Eicke'schen Haus (Tourist-Information) und unten die Gerechtigkeit bei Gott (gegenüber der Information).

neuen Lehre abweisend gegenüber standen. Die Stiftsherren drangen nun auf Herzog Philipp I. ein und setzten durch, dass Kropp nach Herford zurückkehren musste und die evangelischen Klosterbrüder aus Einbeck gleich mit ihm nach Herford gehen mussten.

Die Ruhe, die nun wieder in der Stadt eintrat, war trügerisch. Die evangelischen Bürger waren ja immer noch da und fühlten sich unbetreut. 1528 wurden nun einige Bürger in den Rat gewählt, die Anhänger Luthers waren. Die Bürger setzten nun ihrerseits durch, dass der Helmstedter Augustiner Conrad Bolen nach Einbeck eingeladen wurde und als erster evangelischer Prediger an der Marktkirche St. Jakobi bestallt wurde. Gottschalk Kropp wurde aus Herford wieder zurückgerufen und wirkte an der Neustädter Kirche. Plötzlich teilte

Der Marktplatz mit dem Brunnen vor dem „Brodhaus" (Mitte), dem Bäckergildehaus.

sich die Stadt in den evangelischen Bereich der beiden unteren Gemeindekirchen (Marktkirche, Neustädter Kirche) und in den altgläubigen Bereich am höher gelegenen Stiftsbezirk.

Die Mehrheit im Rat fiel 1529 der evangelischen Seite zu: Im selben Jahr verweigerte der Rat die Abgaben der Stadt an das Stift St. Alexandri. Nun musste Herzog Philipp I. eintreten und für den Frieden in der wichtigsten Stadt seiner Herrschaft sorgen. Der Herzog ließ 1530 einen Vergleich zwischen Altgläubigen und Lutheranern erwirken, der als „Einbecker Vertrag" in die Geschichte einging.

Dieser „Einbecker Vertrag" sicherte den Bestand beider Konfessionen bzw. die Errungenschaften der lutherischen Seite der letzten Jahre. Dem Stift kamen aber weiterhin Abgaben seitens der Stadt Einbeck zu. Dieser Bestandsschutz beide Konfessionen ist dem Augsburger Religionsfrieden von

1555 weitblickend vorgegriffen und zeigt das Bemühen des Landes- und Stadtherrn um Frieden. Das religiöse Bekenntnis wurde in der privaten Sphäre verankert und man durfte Niemanden zu einem bestimmten Bekenntnis zwingen. Auf diese Weise konnte der Rat der Stadt, trotz der altgläubigen Mehrheit in der Bevölkerung, 1532 den Beitritt zum evangelischen

Das historische Rathaus von Einbeck mit seinen ceigenwilligen hohen Spitzedächern.

Einbeck, das bedeutet vollständige Straßenzüge mit reich beschnitztem Fachwerk.

Schutzbündnis des Schmalkaldischen Bundes vorbereiten und 1536 vollziehen. Nach dem Tode Conrad Bolens 1531 wurde aus Wittenberg Johann Winnigstedt nach Einbeck eingeladen, in der Stadtkirche zu predigen. Dazu kamen noch Franz Derwidden (Wittenberg) und der geschasste Hofprediger des streng altgläubigen Herzogs Heinrich des Jüngeren von Braunschweig-Wolfenbüttel. 1534 trat der Stadtherr, Herzog Philipp I. zur lutherischen Lehre über.

1536 ereignete sich in Einbeck ein Bildersturm und eine Plünderung der Klöster. Allein die Augustiner-Nonnen der Neustadt konnten ihr Bleiberecht verteidigen; den altgläubigen Ritus aber gab es nur noch im Stift. Der Herzog musste nun einen neuen Vergleich herbeiführen, diesmal um den Bestand der katholisch-altgläubigen Seite zu schützen. 1540 aber sandte der Herzog den Priester

Andreas Brinkmann, eine Empfehlung von Johannes Spangenberg, auf eine Stelle ins Stift. Allmählich wuchs die Zahl der evangelisch Gesinnten im Stift. Mit seiner Reformationsordnung von 1545 hob Herzog Philipp I. Den altgläubig-katholischen Ritus im Stift auf. 1553 verstarb der

Von der Furcht vor dem Feuer zeugt die mächtige Schutzwand zum Nachbarhaus am Grundstück „Marktstaße 12". Im 16. Jahrhundert befand sich hier die „Junkernbörse", das informelle Zentrum Einbecks als Treffpunkt und Veranstaltungsort des Einbecker Patriziats.

letzte altgläubige Probst von St. Alexandri – das Stift war nun evangelisch.

Im Jahre 1547 ereignete sich ein zweiter Angriff auf das Stift, das der Rat abreißen ließ. Der Grund lag nicht im Religiösen, sondern in der Angst vor einem Angriff des Kaisers im so genannten Schmalkaldische Krieg. Die Stadt zerstörte die Kirche und die Gebäude des Stiftes mit dem Versprechen, sie nach Abwehr der Gefahr wieder zu errichten. Wer heute an der Stadtmauer hinter der Kirche St. Alexandri steht, sieht wie nah der Stadtturmrest zur Kirche liegt und die Stadtmauer vor der Kirche verläuft: Die Stadt sah darin eine Gefahr für ihre Verteidigungsfähigkeit und schuf für einige Zeit eine freie Innenfläche auf der Nordseite der Stadt. Die Stadt hielt Wort: 1566 entstand die neue Kirche St.

Alexandri mit weiteren Gebäuden darum nunmehr als evangelische Kirche.

In Einbeck ist der komplexe Wandel einer Stadt zur Reformation gut nachvollziehbar. Ausgehend von mutigen Einzelpersonen wie dem Pfarrer von Hullersen oder einzelnen Augustinermönchen traten immer mehr Bürger für die Sache Luthers ein. Mit der Zeit wuchs die Zahl der Evangelischen und der Landesherr sah sich gezwungen einzugreifen. Die Reformation trat nun in ihre obrigkeitliche Phase. Mit dem Einbecker Vertrag von 1529 fassen wir den Beginn einer Landeskirche. Wie so oft übernahm nun das Fürstentum die Reformation als Chance zur Verfestigung ihrer Position mit Hilfe der Ausbildung landeskirchlicher Instrumente wie einer Superintendentur.

Einbeck begeistert, trotz seiner Stadtbrände im 16. Jahrhundert, mit seinem geschlossenen Fachwerkbild vor allem aus der zweiten Hälfte des 16. Jahrhunderts.

Blick vom Marktplatz in die Tidexer Straße mit den Häusern ab 1541.

Am „Neuen Markt", rechtes Haus: Noch 1611 errichtete Cyriakus Poggen sein Fachwerkhaus mit Hausinschrift im bekennenden Geist des Reformationsjahrhunderts.

Mittelalterliche Stadtbefestigung mit Mauern und Türmen (hier mit Höhen-WC).

Der Stadtbrand von 1540 wurde dm Bürger Hans Diek zur Last gelegt. Er wurde zur Strafe in einem Käfig an einen Turm der Stadtmauer gehängt (heute: „Diekturm") und verstarb dort qualvoll. Sein Leichnam hing noch viele Jahre nach seinem Tod im Käfig.

Rest eines mittelalterlichen Mauerturms hinter St. Alexandri.

Tourist-Information Einbeck
Eickesches Haus, Marktstraße 13/15
37574 Einbeck

Tel.: +49 55 61 / 313 19 10
www.einbeck-marketing.de

*Das Eickesche Haus ist ein
stolzes Bürgerhaus von 1613 und
beherbergt heute die Tourist-
Information der Stadt Einbeck.*

01. Abb.: Duderstädter Rathaus

Reformation und Gegenreformation im Spiegel von Hausinschriften

Duderstadt, das bereits in ottonischer Zeit genannt und 1247/79 mit Stadtrechten ausgestattet worden ist, erlebte schon im Mittelalter eine Blütezeit. Sehenswert sind aus dieser Zeit das Rathaus, zwei spätgotische Kirchen und die Stadtmauer mit Türmen.

Bereits im 14. Jh. kam die Stadt unter kurmainzische Landesherrschaft. 1514 gelang es Albrecht II. von Brandenburg, obwohl er schon Erzbischof von Magdeburg und Bischof in Halberstadt war, auch noch den Mainzer Erzstuhl zu besetzen. Um die durch diesen Ämterkauf entstandenen ›Kosten‹ decken zu können, setzte er aber gerade den Ablasshandel in Gang, den Martin Luther in Wittenberg mit seinen 95 Thesen beantworten sollte. Weder Albrecht, nun auch Kurfürst und Kardinal in Mainz, noch sein Nachfolger konnten verhindern, dass sich das heute wieder zu über 75% katholische Eichsfeld schon um 1550 mehrheitlich der Reformation zugewandt hatte.

Das Spannende auf dieser Station unserer Reise durch die Fachwerkstädte der Reformation ist, dass sich in Duderstadt der stadtbürgerliche Widerstand gegen die schon 1574 einsetzende Gegenreformation an den Hausinschriften nachvollziehen lässt. Für den reformationsgeschichtlich Interessierten sind deshalb nicht nur die Inschriften, sondern auch ihre Datierungen

02. Abb.: Kirche St. Cyriacus

aufschlussreich, lassen sie doch erkennen, dass sie fast alle erst nach Beginn der Gegenreformation an den reich im Stil der Renaissance und in der Farbigkeit späterer Jahrhunderte dekorierten Fachwerkhäusern angebracht worden sind. Die älteste bekannte von 1549 ist leider nur abschriftlich überliefert: „Überlasse das Übrige den göttlichen Mächten. Sei wachsam und triff Vorkehrungen, dass deine Besitztümer aus-

reichen. Dann möchte der größte Gott für ein glückliches Ende sorgen."

Konfessionell neutral und abwartend spiegelt sie das Ergebnis einer Visitation im gleichen Jahr wider, bei der noch alle Pfarreien versicherten, am katholischen Ritus festzuhalten. Aber schon 1559 ersuchten dieselben Pfarrer darum, das Abendmahl in

beiderlei Gestalt reichen zu dürfen, da die Bevölkerung nicht mehr zu den katholischen Gottesdiensten komme. Bald danach wurde in allen Kirchen der Stadt und ihres Umfelds nur noch protestantischer Gottesdienst abgehalten – bis 1574 Erzbischof Brendel Jesuiten mit der Gegenreformation beauftragte. Schon 1579 konnten diese

8

9

11

die Hauptpfarrkirche St. Cyriacus wieder in Besitz nehmen. Trotz Strafandrohungen hielten dennoch die ländliche Umgebung bis um 1600, die reiche Stadtbürgerschaft sogar bis nach dem 30jährigen Krieg an der Reformation fest.

Nun kann es durchaus die Folge mehrfacher Feuersbrünste sein, dass sich in Duderstadt erst ab 1588, also bereits 14 Jahre nach Beginn der Gegenreformation, die erste der durchweg ›protestantischen‹ Inschriften nachweisen lässt. Wenn aber auch unter

12a

12b

EINE FESTE BURG IST UNSER GOTT·
EINE GUTE WEHR UNT WAFFEN·ER·HILFt
UNS·FREI·AUS·ALER·NOT·DIE·UNS·IEβ·HAT·BETROF·

13

den verloren gegangen Inschriften nur eine von ca. 1630 die Mutter Maria angerufen hat, so darf man wohl annehmen, dass es tatsächlich bis dahin keine ›katholischen‹ Inschriften gegeben hat.

Es fällt aber auf, dass die Duderstädter Hausinschriften öfter als in anderen Orten ›Christus‹ thematisieren – ist doch die ›Erlösung durch Christi Blut‹ das dem ›Abendmahl‹ und der ›Eucharistie‹ Gemeinsame.

So 1588 in der Obertorstr. 18,

1600 in der Hinterstr. 73

und 1608 an der Kurzen Str. 28

und von ›Christi Erlösungstat‹ geht 1600 zunächst auch die Inschrift an der Westertorstr. 22 u. 24 aus: bevor sie dann aber mit den Worten:

Abb. 10: Westertorstr. 22 u. 24: ROM 4 DEM ABER DER NICHT MIT

WERKEN VMGEHT GLEVBT ABER AN
DEN DER DIE GOTLOSEN GERECHT
der katholischen Lehre, dass der Mensch
durch gute Werke einen gnädigen Gott
finden kann, eine Absage erteilt, wie sie protestantischer kaum sein kann – und das 30
Jahre nach Beginn der Gegenreformation.

Das gilt auch um 1620 in der Marktstr. 84,
wo eine Ratsherrenfamilie

den in Sichtweite in der Cyriacuskirche ab
1579 schon wieder amtierenden Jesuiten
mit brüstungshohen Buchstaben die protestantische Devise: ›Wenn Gott für uns ist,
wer könnte wider uns sein‹ entgegenhält.

Ebenso eindeutig protestantisch ist die
Inschrift auch in der Marktstr. 56 als 1.
Strophe des Kirchenlieds

„Eine feste Burg ist unser Gott".

ALSO·HINVELLIG· SIND·ALLE·DING·GLEICH·WENS·AM·SIDE·N·FADEN·HING
SONDERN·ALLEIN·GOTTES·WORT·
BLEIBT·BESTANDEN·HIER·VND·DORT·J·6·0·6· ✦

19

20

21

Auch nach dem 30jährigen Krieg wurden weiterhin Inschriften angebracht. Sie sind neutraler und weniger eindeutig, dennoch gibt es erst ab 1721 einige wenige sicher ›katholische‹ Inschriften, so wie am Torbogen des Hauses Hinterstr. 15 mit dem jesuitischen JHS-Symbol und MRA für Maria und JPH für Joseph sowie auch 1727 am klassizistischen Pfarrgebäude der Oberkirche 2 mit dem Symbol der Jesuiten JHS im Türsturz.

AN· GOTTES· SÆGEN· IST· ALLES· GELÆGEN·

22

ERIT PERFUGIUM PROVERB. CAP: XIIII VERS XXVI.

23

PAX ET PROTECTIO TVA , DEVS, SIT SVPER NOS ET HANC VRBEM

24

25

JOHAN · DIDERICH · MEYER · B · H · AO · 1712 · C · K · BM
WER GOT · VERTRAUET HAT WOL GEBAUET IM HIMEL VND AUF ERDEN

Mitten in die Zwiespältigkeit der Zeit führt
die lateinische Inschrift des kurmainzischen
Schultheißen Johann Hennecke an der
Neutorstr. 13: Ins Deutsche übertragen:
Auf Kosten des Herrn Johann Hennicke,
[Schultheiß] dieser berühmten Stadt, ist
dieses Haus im Jahr des Herrn 1592 erbaut
worden. Der stärkste Turm… [verloren
gegangen ist „ist der Name des Herrn" –
vermutlich meinte er den Namen seines
jeweiligen irdischen Herrn! Denn er war

26a

WER TUGEND LEGT · ZUM FUNDAMENT AUFF KEINEN SAND THU BAUEN WER

26b

SIE AUFF FÜHRET · BIS INS END SEIN HAUS · BEY GOTT WIRT SCHAUEN

ein wendiger Emporkömmling. Ab 1558 stieg er vom Stadtknecht und reitenden Boten über den Stadtschreiber 1578 zum landesherrlichen Schultheißen bis zu seinem Tode 1605 auf. Unter Mainzer Druck trat er 1578 zum katholischen Glauben über. Obwohl zweimal mit Ratsherrentöchtern verheiratet, war er in der Stadt unbeliebt. Man warf ihm Machtanmaßung, Bestechlichkeit, die Nutzung öffentlicher Mittel, Trunksucht und verwerflichen Lebenswandel vor – kurz der Prototyp eines ›Wendehalses‹, wie wir ihn auch in unseren Tagen erleben können.

Wenn Sie mit so geschärften Blick – immer auch auf die

27

Datierung achtend!– dem im Stadtplan vorgeschlagenen Rundgang folgen, werden Sie neben dem schon Aufgezeigten so manches ebenso bekenntnishaft Eindeutige wie auch Zweideutige wie auch Reformatorisches und Gegenreformatorisches finden:

Hinterstr. 77 WER TUGEND LEGT ZUM FUNDAMENT AUFF-KEINEN SAND THUT BAUEN-WER SIE AUFFÜHRET-BIS INS END-SEIN HAUS -BEY GOTT WIRT SCHAUEN---ANNO DOMINI--1734

Gästeinformation im Rathaus

Marktstraße 66
37115 Duderstadt
Tel.: +49 55 27 / 8 41-200
www.duderstadt.de

In St. Martini hielt Heinrich Winkel als erster Stadtprediger des Stadtrates 1528 die erste evangelische Predigt.

Bugenhagens Vermächtnis

Die große Stadt Braunschweig war das Haupt des sächsischen Hanseviertels, zu dem Magdeburg und Hildesheim, Einbeck oder Göttingen gehörten. So vielgliedrig die Hanse war, so vielgliedrig war Braunschweig mit seinen eigenständigen Teilen, den so genannten Weichbildern. Altewiek mit St. Magni, die Altstadt mit St. Martini, die Neustadt mit St. Andreas, der Hagen mit St. Katharinen. Dazu kamen noch die Kirchen St. Ulrici am Kohlmarkt, St. Petri und St. Michaelis in der A, die Stifte St. Blasius (Dom) und St. Cyriakus, das Kloster St. Ägidien, ein Dominikanerkloster und das Franziskanerkloster mit der Brüdernkirche sowie das Kreuzkloster auf dem Rennelberg. Insgesamt gab es an die 60 geistliche Kirche, Klöster und Kapellen. In dieser Vielzahl lebte im Benediktinerkloster St. Ägidien der Mönch Gottschalk Kruse. Kruse

Stadtbürger der Reformation: Epitaph in St. Martini für Bürgermeister Gerke Pawel und Ehefrau (+1554 bzw. +1555).

wurde in Braunschweig geboren und als Kind dem Kloster übergeben. Er beschäftigte sich intensiv mit dem Frieden für die Seele. Auf ihn hatten die Botschaften Luthers eine befreiende Wirkung. Letzter Anstoß, auch das Kloster zu verlassen, war ihm die Auslegung des 110. Psalms zugereicht worden. Diese Auslegung stammte von Luther. Kruse beschließt, 1520 an die Universität zu Wittenberg zu ziehen und Luther selbst zu hören. Kruse schloss – auf Drängen seiner Familie – sein Studium im November 1521 mit dem Titel eines Doktoren ab. Nach Braunschweig zurückgekehrt, begann Kruse, den Novizen des Klosters die Heilige Schrift zu erklären und das Matthäus-Evangelium zu lesen. Der Zuspruch war groß und der Neid der ungebildeten Brüder schlug in Wut um. Ihm wurde vorgehalten, er lehrte, Jesus hätte noch Geschwister gehabt oder dass von einer Himmelfahrt Mariens nicht die Rede sei: Kruse musste 1523 das Kloster und Braunschweig verlassen, aber die ersten Samen der evangelischen Botschaft waren gelegt. 1524 finden wir Kruse in Celle; er wird dort für die Reformation der maßgebliche Geistliche.

Aus St. Ägidien gehen einige Sympathisanten der Reformation hervor; aus dem Zisterzienserkloster Riddagshausen wurde ebenfalls 1523 ein Anton Corvinus, der spätere Reformator des Fürstentums Göttingen-Calenberg, wegen seiner Nähe zu Luther, herausgeworfen. Bei all den vielen geistlichen Institutionen war es aber nicht möglich, das Eindringen von reformatorischen Gedanken überall gleich effektiv aufzuhalten. 1523 kam ein Anhänger Luthers nach Braunschweig, der kein Geistlicher war: der Arzt Euricius Cordus, der als Stadtphysikus den Persönlichkeiten der Stadtverwaltung nah stand. Cordes musste aber erkennen, dass die Sache der

St. Martini: Kanzel vom Anfang des 17. Jahrhunderts - gestiftet durch Bürger.

St. Martini: Epitaph des Martin Chemnitz (+1586). Er führte 1568 die erste Visitation im Herzogtum an und erarbeitete eine Landeskirchenordnung.

Hier im Kloster St. Aegidien wirkte der Braunschweiger Gottschalk Kruse, der als Benediktiner bei Luther in Wittenberg studiert hatte.

St. Michaeliskirche; hier war (der junge) Thomas Müntzer von 1514 bis 1521 Pfarrer.

Evangelischen nur eine Glaubensvariante unter anderen und noch weit davon entfernt war, zur dominierenden Konfession zu werden. Allmählich aber neigten immer mehr Bürger der lutherischen Lehre zu, so dass sich 1524 der Praedikant Großkopf während eines öffentliches Streitgespräches mit den Franziskanern für die lutherisch gesinnten Bürger einsetzte. 1525 predigte der Praedikant Curt Grotewahl gegen die bestehenden Fastengebote und wurde Feldprediger im Bauernkrieg. 1526 war in der Stiftskirche St. Blasien sogar ein deutsches Lutherlied zu hören. 1527 sind die pfründefreien Unterprediger Heinrich Lampe und Johannes Oldendorp, Praedikanten genannt, die an der Sankt-Magni-Kirche wirken und beginnen, deutsch zu taufen und das Sakrament in beiderlei Gestalt zu reichen. Sie arbeiteten auf Honorarbasis für den eigentliche Inhaber dieser Stelle. Für die Verbreitung und Durchsetzung in Braunschweig sind diese Praedikanten als Multiplikatoren ein Schlüssel. Der Rat des Weichbildes „Altewiek" setzt die

Bugenhagen an der Brüdernkirche.

Anstellung und Beibehaltung lutherischer Praedikanten an St. Magni durch. Die Bürger wollten die Auslegung auf deutsch und nach der Art von Wittenberg hören; würde jemand scholastische Inhalte predigen, konnte es vorkommen, dass einige aufstanden, um die Glocke zu läuten, so dass die Predigt gestört würde.

Der Rat der Gesamtstadt Braunschweig schickte im Herbst nach Einbeck und Herford, um gelehrte Doktoren der Auslegung der heiligen Schrift zu gewinnen. Im Advent 1527 wurde zum ersten Male ein Kind in deutscher Sprache (in St. Magni durch J. Oldendorp) getauft. Zu Beginn des Jahres 1528 wurden in allen Weichbildern Versammlungen abgehalten: Immer mehr Bürger wollten das Sakrament beiderlei Gestalt und die Messe auf deutsch. Ihr Wortführer war Autor Sander, Jurist und Kenner der Schriften Luthers. Er wurde 1533 als Syndikus nach Hannover berufen und hatte dort maßgeblichen Anteil an der Einführung der Reformation.

Hier in St. Magni wurde zum ersten Male auf Deutsch getauft und das Abendmahl in beiderlei Gestalt ausgeteilt. Der Rat des Weichbildes Altewiek setzte durch, das St. Magni die erste evangelische Gemeindekirche Braunschweigs wurde.

Hier in St. Ulrici-Brüdernkirche hielt Bugenhagen seine erste Predigt. Das ehemalige Kloster der Franziskaner diente später in Teilen als städtisches Zeughaus und dient heute als Sitz der Propstei Braunschweig.

Anfang Februar 1528 schrieb Luther an Spalatin, dass die Braunschweiger Diener des Wortes erbitten. Aus Halberstadt brachte eine Delegation unter Autor Sander den Heinrich Winkel: Am 1. März 1528 hielt Winkel als Praedikant des Stadtrates unter großem Zulauf seine erste evangelische Predigt zu St. Martini. Im Mai folgte Johannes Bugenhagen der Einladung des Rates, in dem sich mittlerweile die Mehrheit als lutherisch bekennt. Bugenhagen wurde durch Heinrich Winkel in der Andreaskirche (Neustadt) als Stadtprediger eingeführt. Zu Himmelfahrt 1528 hörten die Braunschweiger die erste Predigt Bugenhagens. Er predigte in der ganzen Stadt und arbeitete zeitgleich die Kirchenordnung aus, die der Rat schließlich am 5. September 1528 annahm. Am 18. September wurde mit Martin Görlitz der erste Superintendent der Stadt ernannt.

Mit Bugenhagen als Delegierter des engeren Wittenberger Reformatorenkreises gewann Braunschweig eine Stimme der Autorität der Reformation; die Braunschweiger Kirchenordnung wurde zum Vorbild .

Braunschweig war evangelisch; sein Herr, der Herzog Heinrich der Jüngere blieb altgläubig und der evangelischen Sache abgeneigt. Braunschweig war nun zu einem mächtigen Multiplikator der Reformation geworden, wodurch sich der Gegensatz zwischen Braunschweig und dem Herzog nur noch verstärkte. Die Wirtschaftskraft und die militärische Verteidigungsfähigkeit der Stadt konnte die Braunschweiger gelassen auf ihr Spannungsverhältnis blicken lassen. Nachdem der alte Herzog 1568 verstorben war, wurde unter herzog Julius ein Konsistorium als oberste landeskirchliche Behörde eingerichtet. Der Stadtsuperintendent Martin Chemnitz wurde zum Generalsuperintendenten der Landeskirche (über die Superintendenten von Gandersheim, Alfeld, Bockenem, Wolfenbüttel und Helmstedt).

St. Magni: Vorreformatorische Nische am Türbogen, durch den Heinrich Lampe ging.

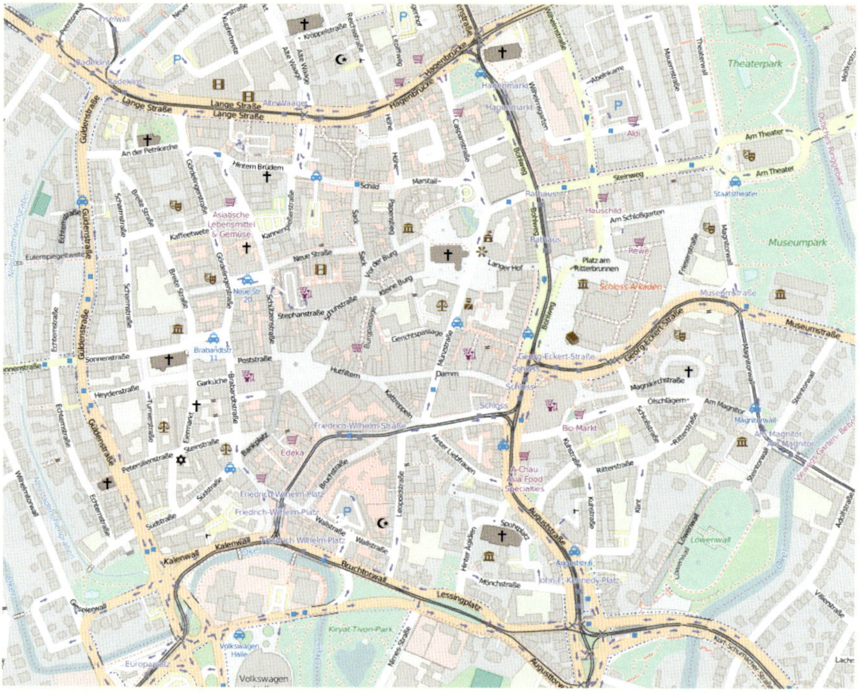

Braunschweig ist die Stadt Herzog Heinrichs des Löwen (12. Jahrhundert), der auch den bronzenen Löwen auf seinem Burghof aufstellen ließ.

Tourist-Info Braunschweig
Stadtmarketing GmbH
Kleine Burg 14
38100 Braunschweig
Tel.: +49 531 / 47 02 404
www.braunschweig.de

LUTHER
2017
500 JAHRE
REFORMATION

... dass viele Sprichwörter auf die „Tischreden"
Martin Luthers zurückgehen?
Bei den berühmten „Tischreden" waren nicht nur Familienangehörige
und Freunde anwesend, sondern auch Reisende,
Studenten und Schüler, die gerade im Hause zu Gast waren.
Bei diesen Gesprächen etablierte Luther zahlreiche,
noch gängige Redewendungen, wie zum Beispiel ...

Mehr zu Luthers Einfluss auf die deutsche Sprache
erfahren Sie unter www.luther2017.de.

„Lösung: Perlen vor die Säue werfen"

15. Abb.: Herzog August d.j.

Herzogliche Residenz, Stadt der Renaissance und Kulturstadt heute

Bis zum Ende des Halberstädter Bistums war die Oker die Grenze zum Hildesheimer Bistum. Wolfenbüttel ist deshalb 1118 zum ersten Mal als Wohnort eines Zeugen erwähnt, der das Einverständnis bestätigte, dass auf Halberstädter Gebiet von Hildesheimer Seite eine dem Hl. Brictius (Abb. 01: Romanische Kirche St. Brictius) geweihte Kirche errichtet werden durfte. Diese, einige weitere eingemeindete Dorfkirchen und im Schloss erhalten gebliebenes Mauerwerk sind das

01. Abb.: Romanische Kirche St. Brictius

einzig Mittelalterliche, das Wolfenbüttel aufzuweisen hat. Die in der Renaissance planmäßig auf das Schloss ausgerichtete Residenzsiedlung wurde erst 1570 Stadt und blieb Sitz der Herzöge bis sie 1753/54 nach Braunschweig verzogen.

In Wolfenbüttel hinterließen sie zum einen das Schloss, (Abb. 02: Schloss) dessen historische museale Räume und thematische Ausstellungen die herzogliche Vergangenheit eindrucksvoll nachvollziehbar machen. Zum anderen blieb in Wolfenbüttel die Büchersammlung Herzog Augusts, schon zu ihrer Zeit ein Weltwunder. Heute ist sie als Herzog August Bibliothek (Abb. 03: Herzog August Bibliothek) wegen ihrer Handschriften, Inkunabeln und Alten Drucke eine der berühmtesten Bib-

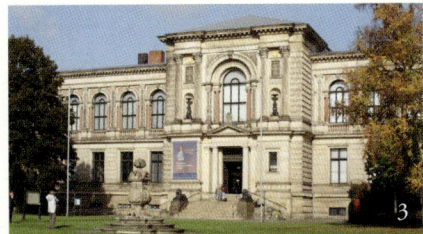

liotheken – zugleich Schatzkammer, Museum und moderne Forschungs-und Tagungsbibliothek, eine wissenschaftliche Anlaufstelle aus aller Welt, um die einen jeder beneidet, wenn er erfährt, dass man in Wolfenbüttel wohnt. Lessing, Leibniz und aus neuerer Zeit Erhart Kästner, Paul Rabe und Helwig Schmidt-Glintzer sind untrennbar mit der ›HAB‹ verbunden. Seit Anna Vorwerk ist Wolfenbüttel eine Schulstadt, heute auch Sitz der ›Ostfalia – Hochschule für angewandte Wissenschaften‹.

Das historische Wolfenbüttel war wie große Teile des Schlosses und die ehemalige Bibliotheksrotunde (Abb. 04: Bibliotheksrotunde) eine Fachwerkstadt. Steinbauten waren nur das Zeughaus (Abb. 05: Zeughaus), die Kanzlei (Abb. 6: herzogliche Kanzlei), ein Haus am Stadtmarkt (Abb. 07: Bankhaus Seeliger), die Kommisse, gebaut als herzogliches Kauf-u. Hochzeitshaus, (Abb.08: Kommisse), die Festungsanlagen (Abb. 9a und b:

10.+11. Abb.: Hauptkirche Beatae Mariae Virginis

Festungsanlagen) und die Kirche Beatae Mariae Virginis. (Abb. 10: Hauptkirche Beatae Mariae Virginis) Als eine der ersten protestantischen Kirchen des 17. Jhs. wurde sie ab 1604 als Pfarrkirche und herzogliche Grablege an der Stelle einer mittelalterlichen Kapelle erbaut. Bis ins 2. Jahrzehnt des 30jährigen Krieges entstand hier ein im Innern (Abb. 11: Hauptkirche Beatae Mariae Virginis innen) wie außen reichhaltig im Stil der Renaissance neuartig und einmalig dekoriertes Bauwerk, als Kirchenraum für lutherische Predigt und Abendmahlsfeier in idealer Weise geeignet. Die nahe Trinitatiskirche (Abb.: 12: Trinitatiskirche) von 1716–22 ist ein typisch protestantischer

Kirchenbau mit Kanzelaltar. Hier lohnt es sich an Hand von Kirchenmodell und -führer die durch die Lage an der Stadtmauer bestimmte Baugeschichte zu erkunden.

Über den Markt mit dem Rathaus – hier zwei für ihre Zeit typische Inschriften von 1609 (Abb. 13: Rathaus, Inschrift 1609) und 1940 (Abb. 14: Rathaus, Inschrift 1940) – und den Schlossplatz gelangt man zu der von August d. Jüngeren (Abb. 15: Denkmal Augusts d. Jüngeren) erbauten Johanniskirche (Abb. 16: Johanniskirche).

Altarschrein, Kanzel, Taufe und Orgelprospekt (siehe S. ...) überführte er aus Schloss Hessen in die auch ansonsten bauzeitlich ausgestattete Fachwerkkirche. Das dem Altarschrein ursprünglich zugedachte Altarbild von Vredeman de Vries befindet sich in der Hauptkirche (Abb. 17: Gesetz und Gnade von Vredeman de Vries), die Seitenflügel im Schlossmuseum (Abb.: 18: August d. J. und seine Familie).

Unter Herzog Rudolf August, einem frommen Pietisten, nahmen die häuslichen Gebets-, Gesangs- und Bibellese-Kreise so überhand, dass man 1692 ein Antipietismus-Edikt erließ: „Visionen, Erleuchtungen und Offenbarungen, Entzückungen und prophetische Regungen" wurden ebenso verboten wie „ die heimlichen Zusammenkünfte". Für den Pietismus typische Hausinschriften finden sich an 25 Häusern aus dieser Zeit, viele davon sind Kirchenlieder.

Holzmarkt 14: (Abb. 19: Holzmarkt 14) NVN DANCKET ALLE GOTT DER GROSSE DING THVT AN ALLEN ENDEN DER VNS VON MUTTERLEIB AN LEBENDIG ERHÄLT

Harzstr. 10: (Abb. 20: Harzstr. 10) Gott ist mein Trost und Zuversicht, mein Hoffnung und mein Leben; was mein Gott will und mir geschieht, will ich nicht widerstreben

Krumme Str.16: (Abb. 21: Krumme Str. 16) WAS MEIN GOTTWILL, DAS GESCHEH ALLZEIT

Holzmarkt 7: (Abb. 22: Holzmarkt 7) WER GOTTVERTRAUET HAT WOL GEBAUET IM HIMMEL UND AUF ERDEN WER SICH VERLEST AUF JESUMCHRIST DEN MVS DER HIMMEL WERDEN

Harzstr.7: (Abb. 23: Harzstr. 7) SING BET UND GEH AUF GOTTES WEGEN, VERRICHT DAS DEINE NUR GETREU UND TRAU DES HIMMELS REICHEN SEGEN, SO WIRD ER BEI DIR WERDEN NEU. DEN WELCHER SEINE ZUVERSICHT AUF GOTT SETZT DEN VERRLAT ER NICHT

Tourist-Information

Stadtmarkt 7A
D-38300 Wolfenbüttel

Tel.: +49 53 31 86 -280
www.wolfenbuettel.de

AM ANFANG WAR DAS WORT

LUTHER 2017
500 JAHRE REFORMATION

... dass Martin Luther auch ein Liederdichter war?
In seinen Liedern hat er die reformatorischen Glaubenssätze
zu Musik verdichtet. Seine Lieder trugen entscheidend zur Ausbreitung
der Reformation bei und ließen das Singen bald zur *„schärfsten Waffe
der Reformation"* werden.
Eine seiner bekanntesten Dichtungen ist zugleich ein äußerst
beliebtes Weihnachtslied. Wissen Sie, welches gemeint ist?

Mehr über Luther als Liederdichter
erfahren Sie unter www.luther2017.de.

„Lösung: Vom Himmel hoch, da komm ich her"

Residenzschloss Celle (oben und rechts).
Das Celler Herzogsschloss beheimatet das
Residenzmuseum und die Schlosskapelle.

Ernst der Bekenner - Fürst der Reformation

Celle erlebte im Reformationsjahrhundert – ähnlich wie Hann. Münden oder Wolfenbüttel – die Blüte als Fürstliche Residenzstadt. Mittelpunkt der Stadt war der Hof des Herzogs von Braunschweig-Lüneburg am Übergang des Handelsweges über die Aller. Celle als Handelsort ist bereits im Mittelalter so bedeutend gewesen, dass ein Bischof von Hildesheim in de Mitte des 11. Jahrhunderts zu Wienhausen einen Gegenmarkt gründete, der aber einging. Aus der Frühphase geblieben ist Altencelle mit St. Gertrud und die Nennung als Pilgeretappenort in der Quelle des Abtes Albert von Stade, wodurch Celle an dem europaweiten Pilgerweg von Skandinavien über Stade, Celle, Braunschweig, Wolfenbüttel,

Hornburg, Osterwieck und Wernigerode letztlich nach Rom, dem Pilgerweg der Via Romea. Martin Luther war diesen Weg im Winter 1510/1511 gegangen; nach Martin Luther ist seit 2015 ein Platz in der Stadt Rom benannt.

Es waren diese europaweiten Bezüge, die das welfische Fürstenhaus von Celle schon früh in eine Beziehung zu Martin Luther und der Reformation brachten. Der Aufstieg des habsburgischen Hauses wurde in Celle argwöhnisch beäugt. Herzog Heinrich der Mittlere geriet 1521 in Reichsacht; Heinrichs Sohn Ernst (1497-1546), der 1512 in Wittenberg studierte, wurde die Regentschaft über das Fürstentum übertra-

Das Bormann-Museum mit dem historischen Rathaus (rechts). Am Rathaus befinden sich die Wappen von Herzog Wilhelm und seiner Frau Dorothea, Prinzessin von Dänemark (1579).

gen. Ernst, der in Wittenberg aus Luthers Vorlesungen besucht hatte, wurde ein verlässlicher Anhänger der Reformation, weshalb er den Beinamen „der Bekenner" erhielt. 1517 war aus Wittenberg ein Kandidat für das Amt des Hofpredigers angenom-

men worden, der auch als Prediger an der Stadtkirche wirkte.

Im Jahre 1525 bekannte sich Herzog Ernst öffentlich zur Reformation; ein Jahr später trat er dem protestantischen Torgauer Bund bei. In Torgau hatte der Celler Fürst Gelegenheit, sich mit Luther selbst über Glaubensfragen zu beraten.

Vom Kaiser angestachelt durfte der geächtete Vater aus dem Exil in Frankreich zurückkehren. Die altgläubige Partei versuchte nun, Herzog Ernst abzusetzen und ihn durch seinen Vater zu ersetzen. Dieses konnte auf dem Landtag zu Scharnebeck 1527 abgewendet werden. Mehr noch: seinen Bruder Otto zwang er, aus der Regierung des gemeinsamen Fürstentums auszutreten und das Amt Harburg (bei Hamburg) als Herrschaftsgebiet anzunehmen.

Mit dem Umbau der Schlosskapelle durch Herzog Wilhelm entstand zwischen 1565 und 1576 ein einzigartiges Zeugnis des Glaubens im Eckturm des Schlosses. Die Ausmalungen stammen vom flämischen Maler Marten de Vos; die Kapelle ist nur hinter einer Glasschutzscheibe einsehbar.

Die Stadtkirche ist der Gottesmutter Maria geweiht und diente als Grablege der Fürsten. Pfarrer Dr. Volkmar Latossek vor der Bilderbibel der Nordempore.

Später (1539) ließ er seinen Bruder Franz mit drei kleinen Ämtern um das Schloss Gifhorn abspeisen (siehe Kapitel über das Schloss Gifhorn). Während Ernst seine Herrschaft sicherte, verhandelte er parallel mit den Ständen über den Schuldenabbau. Schließlich stimmten die Stände auch diesem zu, mussten dafür aber Steuererhöhungen akzeptieren. Man sieht also: Die Durchsetzung der Reformation im Herzogtum Braunschweig-Lüneburg, Celler Linie, geschah in einer verwobenen Themenlage bezüglich der Herrschaftsfolge, des Schuldenabbaus, der Politik mit den Ständen und der Haltung zum Kaiser aus dem Hause Habsburg. Am Ende würde ein gefestigtes Fürstentum herauskommen: gefestigt in der kirchlichen Lehre in Form einer eigenen Landeskirche, gefestigt als Staat, dem mehr Steuereinnahmen zukommen mit dem Ausbau der entsprechenden Landesverwaltung und gefestigt als Bollwerk der Reformation, deren Sinnbild das Schloss Celle selbst wurde.

Durch die Auflösung der Klöster und deren Umwandlung in staatliche Betriebe gewann der Fürst zusätzliche Einnahmen, die auch dem Schloss- und Festungsausbau von Celle zu Gute kamen.

Das Stadtgebiet wuchs im Allertal, um Platz für Wohnhäuser für Beamte und Geschäftshäuser für Kaufleute zu schaffen. Celle aber blieb die Stadt des Fürsten. Seine Stadtkirche war auch – wie in Wolfenbüttel, Hann. Münden oder Osterode am Harz – Grablege des Fürstengeschlechts. Der Stadtprediger war zugleich Hofprediger und der Hofprediger war seit Urbanus Rhegius 1530 auch der Superintendent. Rhegius arbeitete an einer Kirchenordnung für das Celler Herzogtum, die aber erst 1563 in gedruckter Form erschien. Rhegius engagierte sich maßgeblich für die Durchsetzung

Geschäftiges Treiben in Jahrhunderte alten Fachwerkhäusern.

der Reformation in Hannover, für das er 1536 eine Kirchenordnung erarbeitete.

1524 wurde die Stadt Celle evangelisch; 1529 führte Herzog Ernst die Reformation in seinem Fürstentum ein; ebenfalls 1529 unterschrieb Herzog Ernst die „Protestation von Speyer" gegen die vom Kaiser gewünschte Aufhebung der Religionsfreiheit der Reichsstände. Herzog Ernst wußte – das Beispiel seines eigenen Vaters vor Augen –, sollte die Reformation scheitern, wäre sein Lebenswerk und seinem Sohn Wilhelm die Nachfolge in Gefahr gewesen.

Es lohnt der Spaziergang auf der „Zöllnerstraße" mit Fachwerkhäusern aus dem Reformations- jahrhundert.

„Soli Deo Gloria".

Herzog Ernst starb – wie Luther – 1546 und wurde in der Fürstengruft der Celler Marien- kirche beigesetzt.

„Zöllnerstraße":

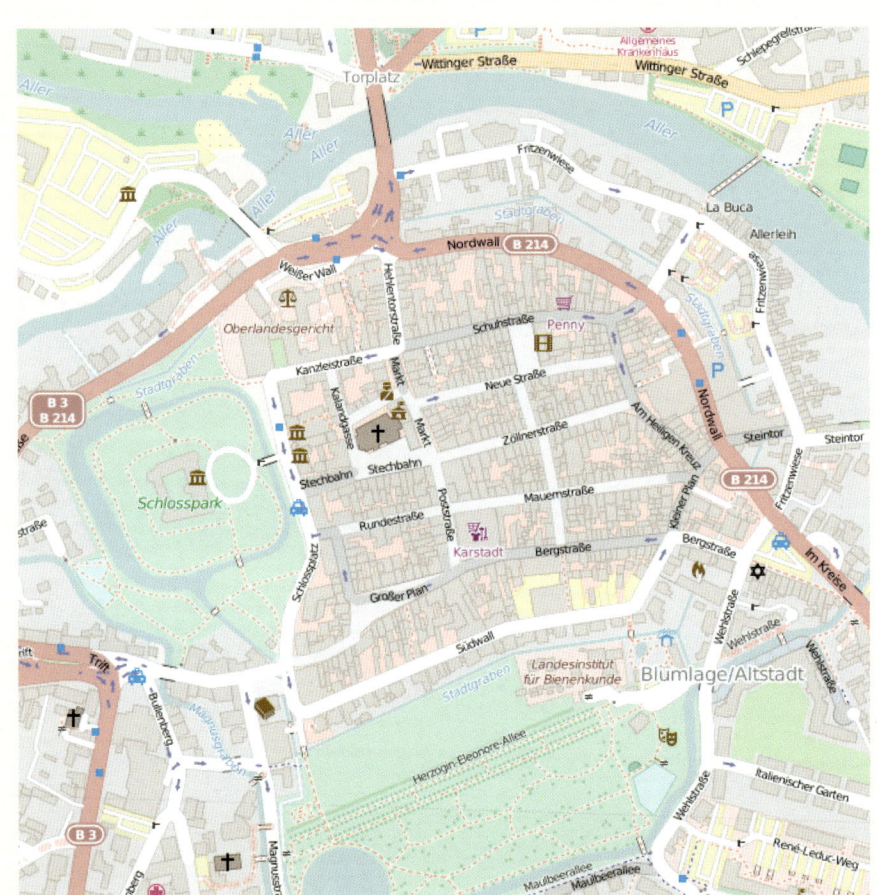

Tourist Information Celle

Markt 14-16
29221 Celle
Tel.: +49 5141 1212
www.celle-tourismus.de

… dass Martin Luther gemeinsam mit dem
sogenannten *„Lehrer Deutschlands"* den Grundstein
für das heutige Bildungswesen gelegt hat? Viele Schulgründungen,
darunter auch Schulen für Mädchen, gehen auf ihn zurück.
Wissen Sie, wer gemeint ist?
Kleiner Tipp: der gebürtige Brettener kam im Jahre 1497
mit dem bürgerlichen Familiennamen *„Schwarzerdt"* zur Welt.

Weitere Informationen zum *„Lehrer Deutschlands"* und seinen
wichtigsten Bildungsimpulsen finden Sie unter www.luther2017.de.

„Lösung: Philipp Melanchthon"

Kornmarkt mit dem stattlichen Haus des herzoglichen Beamten Professor Andreas Cludius, errichtet 1610-1619.

Bürgerdank an Andreas Domeyer

Osterode liegt direkt am Harzrand, am Austritt des Lerbachs aus den Höhen des Harzes und zugleich an der Mündung des Lerbachs in die Söse. Damit ist auch schon angedeutet, warum Osterode am Harz, kurz Osterode, zur Fürstenresidenz werden konnte. Alles begann mit der Burg, die gleichermaßen den Eintritt in den Harz wie den Übergang über die Söse kontrollierte. Diese Burg war im welfischen Fürstentum Grubenhagen (Einbeck, Osterode, St. Andreasberg, Herzberg) im 14. Jahrhundert ein wichtiger Herrschaftssitz. Die Burg lag auf der Harz zugewandten Seite des Söseufers, die Stadt auf der Harz abgewandten Seite des Söseufers. Für das welfische Fürstenhaus „Grubenhagen" diente die Burg zuletzt als Witwensitz und verlor auch jegliche strategische Bedeutung. Die militärische Bedeutung übernahm ihre ummauerte Stadt Osterode.

In Osterode kreuzte die Harzstraße nach Clausthal-Zellerfeld mit der Harzrandstraße. Im Zentrum befinden sich das Rathaus (14. Jhdt), die Stadtkirche St. Aegidien und der lang gezogene Marktplatz. Vom „Rollberg" führte die Harzrandstraße durch die Altstadt, die aus einer Altstadt und einer Neustadt besteht. Die ursprüngliche Altstadt liegt unterhalb des Rollberges, die Neustadt (mit dem Viertel der Weber) liegt mit dem Jacobikloster oberhalb der alten Marktortes. Bereits Anfang des 13. Jahrhunderts schenkte Kaiser Otto IV. die Marktkirche dem Kloster St. Jacobi; 1233 übertrug Herzog Otto das Kind das Patronatsrecht der Marktkirche an das Kloster. Mit der Reformation verkehrten sich die Verhältnisse um. Das Kloster wurde aufgelöst, die Marktkirche zur Kirche der Stadtgemeinde und an Stelle des Klosters entstand 1561 das neue herzogliche

St. Aegidien: Ursprünglich war die Kirche St. Johannes dem Täufer geweiht: Der Patrozinienwechsel kann nicht genau rekonstruiert werden, war aber vor dem Brand von 1545 abgeschlossen.

St. Aegidien: Steintafel von 1578 an der Westseite des Turmes erinnert an seinen Wiederaufbau. Zu Ehren des Andreas Domeyer gibt es in der Kirche eine Tafel.

Schloss. 1561 zog Herzog Philipp von Braunschweig-Grubenhagen feierlich in sein neues Schloss ein; die einstige Klosterkirche wurde zur Schlosskirche. Das Herzogshaus aber bestattete ihre Angehörigen weiterhin in der Marktkirche St. Aegidien.

Spätestens 1535 wird in der Kirche der erste evangelische Predigt zu hören gewesen sein, da als Herzog Philipp seine Gemahlin Katharina hier bestatten ließ. Herzog Philipp war ein glühender Anhänger der Reformation: er hatte sich 1526 dem Torgauer Bündnis evangelischer Fürsten angeschlossen, 1532 in seinem Fürstentum die Reformation eingeführt, war 1530 dem Schmalkaldischen Bund beigetreten und 1546 mit seinen vier Söhnen in den Schmalkaldischen Krieg gezogen. Er starb 1551 auf Schloss Herzberg und wurde in

Osterode St. Aegidien bestattet – wie auch seine Söhne, deren letzter Sproß 1596 Philipp II. war. Die Linie Braunschweiger Herzöge Grubenhagenscher Anteil erlosch; ihr Erbe fiel an die Herzöge von Braunschweig-Wolfenbüttel.

Die Reformation in Osterode ist fest mit dem Namen Andreas Domeyer verbunden. Ihm zu Ehren brachten die Bürger der Stadt eine Namenstafel an der Außenseite der Kirche an. Der Prediger Andreas Domeyer ist für 1534 als evangelischer Diaconus an St. Jacobi Goslar bezeugt; 1535 war er Zeuge der Überführung der Halberstädter Reformationsbibliothek nach Goslar.

Ab 1537 wirkt er als Prediger in Osterode und war den Bürgern ein solcher Seelsorger und theologischer Begleiter, dass sie auch

Rathaus.

Clodius-Haus.

trotz größter Anfeindungen, wie sie vom Stadtschreiber Nicolaus Kanhol ausgingen, nicht von ihm abwichen. 1545 muss es den Bürgern so vorgekommen sein, als ob der Herr sie selbst in der Festigkeit des Glaubens prüfte. In der Nacht zum 1. September 1545 brannte die Stadt vollständig ab; es ist auch das Jahr des Weggangs Kanhols. Aus der Zeit vor 1545 stammt noch das Haus „Kornmarkt 20". Fortan verkündete Domeyer in der Johanniskirche unterhalb der Burg (Johannisvorstadt) die evangelische Lehre. 1551 war St. Aegidien wieder soweit aufgebaut, dass hier wieder Gottesdienste stattfinden konnten.

1544 wurde Domeyer vom Landesherrn beauftragt, zur Kommission der Kirchenvisitation in seinem Herzogtum – zusammen mit Ernst Burmester, Superintendent und Pastor zu St. Alexandri in Einbeck, – zu gehören. Domeyer selbst wurde Superintendent im östlichen Landesteil des Grubenhagenschen Fürstentums. Domeyer wusste sich mit seinem Landesherrn ganz auf einer Linie, als er sich 1548 weigerte, das „Augsburger Interim" zu unterschreiben: Der Kaiser wünschte, die Reformation wieder rückgängig zu machen. Herzog Philipp I. von Braunschweig-Grubenhagen starb 1551 und fand in Osterode seine letzte Ruhe.

Herzog Ernst von Braunschweig-Grubenhagen, Philipps ältester Sohn, zog 1557 als Söldnerführer in den französisch-spanischen Krieg und nahm Andreas Domeyer als Hofprediger mit. In der Zwischenzeit würde de Herzberger Hofprediger Johann Sindermann

Hausdetail, Rollberg 26, 16. Jahrhundert: Zwei Narren schauen sich an.

Hinter der St. Aegidien-Kiche.

Ackerbürgerhaus in der Untere Neustadt 1.

Domeyers Aufgaben übernehmen. Domeyer kehrte aus diesem Krieg nicht zurück und hinterließ, eine Witwe mit Kindern sowie eine trauernde Stadtgemeinde, die ihr. Domeyer starb 1559 in Brabant, wo er auch bestattet wurde.

Die Stadt Osterode gehört zu den Gewinnern der Reformation: Sie hatte ihr Recht auf Selbstverwaltung zunehmend ausgebaut und von Herzog Ernst das Berufungsrecht für die Nachfolge Domeyers anerkannt bekommen. Auch wenn Herzog Philipp

I. 1529 der Stadtverwaltung einen herzoglichen Schultheißen über den Stadtrat setzte, der bis 1834 den Bürgermeistern vorgesetzt blieb, gedieh doch die Stadt, was auch der Wiederaufbau nach 1545 bezeugt. 1550 wurde die Ratswaage errichtet, 1551 der Bau der Aegidienkirche abgeschlossen. Herzog Ernst hatte Osterode einen dritten Markt zuerkannt, Herzog Wolfgang dann noch einen vierten.

Aus der Zeit von um 1600 stammt das „Ritterhaus". Zwischen 1610 und 1619 entstand am Kornmarkt auf ursprünglich zwei Hausstellen das Steinhaus des Prof. Andreas Cludius. Cludius war Hofrat des Herzogs Heinrich Julius und hatte die Aufgabe, den Erwerb des Teilherzogtums Grubenhagen an die Linie Braunschweig-Wolfenbüttel rechtlich abzusichern. 1611 aber scheiterte der Plan vor den Ansprüchen der Celler Linie, an die das Fürstentum mit der Stadt Osterode folglich fiel.

Ritterhaus, Rollberg 32, zwischen 1650 und 1660 errichtet, benannt nach der Figur.

**Touristinformation
Osterode am Harz**

Eisensteinstraße 1
37520 Osterode am Harz

Tel.: +49 522 / 31 83 33
www.osterode.de

Blick von der Katlenburg Richtung Harz.

Schloss der Herzöge von Göttingen-Calenberg. Zwischen 1567 und 1584 hatte die Verwaltung des Landes ihren Sitz im Schloss zu Münden.

Residenzstadt mit Elisabethrose

Für fast 100 Jahre war Münden, wie man damals für Hann.(oversch) Münden sagte, die Residenz des Fürstentums Calenberg-Göttingen (1495-1584). „Calenberg" war der Teil vom Deister bis zur Leine und grenzte an das Fürstbistum Hildesheim. Göttingen war das Land an Weser und Leine mit Münden als Residenzstadt sowie Göttingen, Hardegsen und Uslar als weitere Städte zwischen Göttinger Wald und Solling.

Anders als Städte wie Duderstadt oder Göttingen hatte Münden nicht im Spätmittelalter seine große Zeit, sondern als Residenzstadt im Reformationsjahrhundert. Auch wenn der regierende Fürst abwesend war, so blieb doch seine Verwaltung vor Ort.

Als Residenzstadt steht die Entwicklung in einem engen Verhältnis zum Fürstenhaus: Herzog Wilhelm (der Jüngere) förderte Münden, in dem er den Wochenmarkt stärkte und den Fischhandel von Hedemünden bis Gimte in Münden monopolisierte. 1488 – 1502 wurde die Stadtkirche St. Blasii als dreischiffige Hallenkirche ausgebaut. Der Ausbau einer dreischiffigen gotischen Hallenkirche erfolgte bereits in der ersten Hälfte des 14. Jahrhunderts und litt unter zeitweiligem Baustopp, dabei wurde die bereits bestehende dreischiffige romanische Basilika in den stufenweisen Ausbau mit einbezogen. Der in der Literatur oft angegebene Beginn des Ausbaus des gotischen Chorraums ab 1280, steht im Wider-

St. Blasii: herzogliche Grablege und Bürgerkirche.

spruch mit der Bauausführung mit einem 5/8-geschlossenen Chor Er teilte 1495 seine Herrschaft und das Fürstentumer Calenberg und Göttingen kamen an seinen Sohn Erich I., der entweder in Neustadt am Rübenberge oder in Münden Hof hielt. Erich I. ließ in Münden die mittelalterliche Burg schlossartig erweitern und fand in der Kirche St. Blasii seine letzte Ruhe. Münden war wie Osterode am Harz, Celle, Gifhorn oder Wolfenbüttel die Residenzstadt einer welfischen Herzogslinie, die sich die Stadtkirche zur Grablege auserkor.

Die Gemahlin Erichs I. war Elisabeth von Brandenburg (1510-1556), die 1525 mit dem vierzig Jahre älteren Erich verheiratet wurde. Von ihrer Mutter hatte sie Sympathie für die Reformation. Ihr Mann hatte 1521 auf dem Reichstag zu Worms dem nervösen Luther einen Humpen Einbecker Bier zukommen lassen, dessen Mut er auf diese Weise honorierte, aber selbst altgläubig blieb.

Bei ihrer Mutter begegnete Elisabeth 1534 persönlich Martin Luther, mit dem sie fortan Kontakt hielt und von dem sie eine Bibel mit persönlicher Widmung nach Münden geschickt bekam. Mittlerweile hatte sie von ihrem Mann die Ämter Münden, Göttingen und Sichelnstein übertragen bekommen. Die Fürstin nahm sich persönlich der Landesverwaltung an und förderte Reformen.

1538 bekannte sich Herzogin Elisabeth öffentlich als evangelisch und bat Landgraf Philipp von Hessen um die Vermittlung

Oben: Elisabeth-Rose am Schloss.

Oben: Blick auf das Schloss von der Werrabrücke aus.

Links: Herzogin Elisabeth, Epitaph in St. Blasii.

eines evangelischen Predigers. Der hessische Landgraf ließ Anton Corvinus aus Witzenhausen an den Hof in Münden kommen ließ. Corvinus wurde zum Superintendenten des Fürstentums ernannt und nahm seinen Sitz in Pattensen.

1540 verstarb Erich I. und Elisabeth übernahm die Regentschaft für ihren bis 1546 unmündigen Sohn Erich II. Diese Zeit nutzte Elisabeth, um die Reformation in ihrem Fürstentum zu festigen. 1542 ließ sie Antonius Corvinus eine Kirchenordnung („Calenberger Kirchenordnung") ausarbeiten und führte zusammen mit seiner Landesherrin die erste Kirchenvisitation 1542/1543 durch. Für die Jahre 1540 bis 1545 war die Residenzstadt Münden mit seiner Fürstin Elisabeth ein Zentrum des Protestantismus.

1545 wurde Fürst Erichs II. mündig und stellte sich gegen seine Mutter und gegen die Lehre Luthers. Auf seiner ersten Reise als junger Fürst zu einem Reichstag, dem

Reichsstag zu Regensburg, konvertierte Erich II. zum Katholizismus. Erich II. unterstützte die habsburgische Seite und schloss sich Herzog Heinrich (dem Jüngeren) von Braunschweig-Wolfenbüttel an. Als sich 1549 in Münden 140 Geistlichen zusammen fanden, um gegen die Rückführung auf vorreformatorische Verhältnisse zu protestieren, da ließ der Fürst die Pattenser Corvinus und Walter Hoiker (Prediger) in der Feste Calenberg gefangen halten.

Für Elisabeth brach eine Welt zusammen. Sie heiratete nochmal und beobachtete aus der Ferne, wie ihr Sohn das von ihr Geschaffene zerstörte. Ja, er verheiratete gar seine jüngste Schwester Katharina in ein katholisches Fürstenhaus. Zur Hochzeit kam Elisabeth zu spät; böse Stimmen vermuten, dass ihr Sohn das falsche Datum genannt hatte. Was Elisabeth aber erst später erfuhr: Katharina, die frisch Vermählte, durfte evangelisch bleiben. Elisabeth verstarb 1558 in Ilmenau und wurde in Schleusingen am Thüringer Wald bestattet.

*„Lange Straße 29"/Ecke „Marktstraße":
„Gottes Wort bleibt ewig bestehn", 1554.*

*„Lange Straße 85": „Verbum Domini
manet in Aeternum", 1540*

*Blick in die „Marktstraße": Wie auch in
Hornburg finden sich in Hann. Münden
Zitate aus dem Buch „Jesus Sirach":
„Marktstraße 16" (2. Kapitel): „Vertrauet
Gott so wirt er dir aushelfen richte deine
Wege und hoffe auf ihn"; „Marktstraße
20" (33. Kapitel): „Was du für nimst so
vertraue Gott von ganzem Herzen, denn
das ist Gottes Gebot halten",*

*Bis 1618 erfolgte der Umbau des Rat-
hauses; seine Fassade erhielt ein reiches
figurales Bildprogramm.*

Erich nahm 1553 an der Seite Herzog
Heinrich von Wolfenbüttel-Braunschweig
an der Schlacht von Sievershausen teil. Zur
Finanzierung des Kriegszuges brauchte der
Herzog dringend die Unterstützung durch
seine evangelischen Landstände, denen er
dafür die Duldung der evangelischen Religionsausübung zugestand und darüber hinaus
Corvinus und Hoiker nach drei Jahren wieder freiließ. Die evangelischen Landstände
stimmten zu.

Das Kriegshandwerk wurde zur Passion
Erichs II., der in den Diensten der Habs-
burger in Spanien weilte, gegen Frankreich
zu Felde zog, in Rom für den Kaiser wirkte
und die niederländischen Aufständischen
bekämpfte. Er weilte immer mal wieder
in Hann. Münden und ließ das dortige
Schloss und das Schloss zu Uslar ausbauen,
aber die meiste Zeit verbrachte der Fürst im
Ausland. Er starb 1584 in Pavia, wo er auch
bestattet wurde. Mit seinem Tod erlosch das
Fürstentum Calenberg-Göttingen.

Touristinformation
Hann. Münden e.V.

Rathaus / Lotzestr. 2
Hann. Münden
Tel.: +49 55 41 / 7 53 13
www.hann.muenden-tourismus.de

AM ANFANG
WAR DAS WORT

LUTHER
2017
500 JAHRE
REFORMATION

SETZEN SIE DIE
GESCHICHTE ZUSAMMEN

Wandeln Sie auf den Spuren Martin Luthers und entdecken Sie
die originalen Schauplätze der Reformation Nürnberg, Worms und
Marburg. Mehr dazu erfahren Sie unter www.luther2017.de.

„Weender Straße 62": Haus des Tuchmachers Jürgen Hovet, 1549, farbige Ausmalung.

Reformation als Frage der Mitbestimmung

Göttingen hatte – ähnlich wie Braunschweig – seinen Stadtherrn im Spätmittelalter aus der Stadt vertrieben. Als Hansestadt ging sie selbstständig Bündnisse ein und baute ihre Stadtverteidigung aus. Bis heute kann man Göttingen vom Stadtwall aus einsehen. Die Kosten für die Stadtverteidigung waren so gewaltig, dass sich nicht nur die Fertigstellung der Bollwerke, sondern auch des Rathaus um Jahrzehnte verzögerte. Das Rathaus am Marktplatz wurde letztlich in der Höhe geringer abgeschlossen als zunächst begonnen. Göttingen strauchelte im 15. und 16. Jahrhundert von einer Zahlungsunfähigkeitsgefahr zur nächsten.

In den ersten Jahren des Reformationsjahrhunderts blockierte sich der Göttinger Stadtrat durch seine Finanzkrise, die wiederum neue Gefahren beschwor. Da war der Landesherr in (Hannoversch) Münden, Fürst Erich von Calenberg-Göttingen, der auf eine Schwäche der größten Stadt in seinem Fürstentum nur wartete, um neue Handlungsmöglichkeiten gegen die Stadt zu finden. 1526 bat die Stadt ihren Landesherrn, die ihr aufgelegte „Türkensteuer" zu bezahlen.

Auf der anderen Seiten brodelte es in der Stadt, denn die Handwerker verlangte mehr Mitspracherecht in der Stadtverwaltung. Die eingespielte Ratsaristokratie erlaubte nur bestimmten Familien die Teilhabe im Rat. Von unten drängten vor allem die Tuchmacher, die mehrheitlich um die Nikolaikirche herum wohnten, in den Rat, um einen Überblick über die Finanzmisere zu gewinnen und den alten Rat zu entmachten. Im Juli 1524 drohte die Stadt Einbeck dem Göttinger Rat mit der Pfändung von Göttinger Waren, wenn nicht die geleisteten Kredite zurückgezahlt würden. Nicht einmal die Reichstage konnten durch eine eigene

„Weender Straße 62":
Details mit biblischen,
weltlichen und allegorischen
Szenen (1549).

Delegation besucht werden. Der alte Stolz der Reichsstadt Göttingen schwand dahin. Dann aber gelang eine Kehrtwende: Durch eine von der Straße erwirkte Reform in der Zusammensetzung des Göttinger Rates konnten die Schulden der Stadt innerhalb der nächsten fünf Jahre auf ein Drittel (im Vergleich zum Jahr 1514) reduziert werden!

Ebenfalls 1529 war es, als die Straße die Reformation in Göttingen durchsetzte. Aber der Weg dahin begann mit einem Ablassprediger Johann Breidenbach, der im Juli 1517 in Göttingen auftrat; zu diesem Zeitpunkt schien die alte Ordnung noch fest auf ihrem morschen Stuhl zu sitzen. Aus Wittenberg, wo das Tuchmachergewerbe in Blüte stand, kamen Tuchmachergesellen in Göttingen an und brachten Lieder Luthers mit. Dann begannen die Schriften Luther zu kursieren. „Diße bucher", schreibt Franciscus Lubecus, „weil sie deutsch waren und dem gemeinen Manne sehr dienstlich und nutze, so kauften dieselbigen auch hir zu Gottingen jedermann, furnehmlich die wollenknuper und duchmacher fingen auch an gemachsam zu hause disse lider und psallmen zu singen."

Im Frühjahr 1532 verbot Katharina, Gemahlin Erichs von Calenberg-Göttingen, Prediger dieser „Martinischen Sekte" auf die Kanzeln ihres Herzogtums zu lassen. Im September 1523 verbietet der Rat der Stadt Göttingen fünf Männern, öffentlich aufzutreten und die Lehre Luthers zu verbreiten. Im Frühjahr 1528 trat in de Göttinger Jacobikirche kurzzeitig ein erster lutherischer Kaplan auf. Was der Rat in seiner Stadt verbieten konnte, konnte er aber nicht vor den Toren der Stadt verbieten: in Rosdorf war es der Pfarrer Detmar Streve, der im lutherischen Sinne predigte, in Grone tat es Johann Bruns im gleich. In Scharen kamen die Göttinger zu ihnen. Wenn schon nicht in den Kirchen der Stadt, so in den Häusern der Handwerker und in zwei Kirchen vor der Stadt war die Reformation bereits angekommen.

Weil eine Seuche aus England in Göttingen Einzug erhalten hatte, bot der Stadtrat die Bürger zur frommen Prozession am Tag des hl. Bartholomäus, dem 24. August 1529, auf. Die Prozession durchschritt die Stadt und

Junkernschänke, repräsentativer Erkerausbau von 1547-49. Ehefrau Othilia reicht ihrem

kam auch ins Viertel der Handwerker und Tuchmacher um die Nikolaikirche. Als nun der Zug der Bittsteller in die Groner Straße einbog, mischten sich die Tuchmacher mit ihren Freunden in die Prozession und begannen laut zu singen. Ja, sie überstimmten mit ihrem Lutherlied „Aus tiefer Not schrei ich zu dir" die Gesänge der altgläubigen Prozession. Die Tuchmacher fühlten sich durch diesen Coup gestärkt und luden aus Rostock den Prediger Friedrich Hüventhal nach Göttingen, der am 17. Oktober auf dem Marktplatz die erste evangelische Predigt hielt. Am nächsten

Tag kamen 300 Menschen zu Hüventhal auf den Markt. Die Tichmacher stellten den Antrag, dass Hüventhal in einer Göttinger Kirche möge predigen dürfen. Die Altgläubigen schäumten und verschleppten die Beantwortung des Antrags. Schließlich besetzte am 21. Oktober eine wütende Menge das Rathaus und setzte das Predigeramt Hüventhals durch. Als Hüventhal aber gegen die Obrigkeit wetterte, musste er die Stadt verlassen.

Jetzt zeigte es sich, dass alte Hanse-Verbindungen immer noch hielten: Im November 1529 schickte die Stadt Braunschweig den besonnenen Prediger Heinrich Winkel nach Göttingen, wo er bis Mai 1530 blieb. Die Braunschweiger Kirchenordnung Bugenhagens wurde am 10. April 1530 von den Kanzeln verlesen und angenommen. Darin heißt es. „Diese Ordnung ist auf drei nötige hohe Stücke gestellt. Das erste Stück, dass gute Schulen aufgerichtet werden für die Kinder; das andere, daß ehrbare, gelehrte Prediger zur Verkündigung des göttlichen Wertes und Reichung der hei-

Bürgerhaus eines Lutheraners mit der Inschrift „Godes Wort blift ewich" (1536), Barfüßerstraße.

Mann und Bürgermeister Giseler Svanenvogel einen Becher (oben links).

ligen Sakramente angenommen werden; das dritte, daß gemeine Finanzkästen mit Kirchengütern und andern Gaben begnadet und versehen werden, daraus sie samt andern Kirchendienern erhalten und der wahren armen Notdurft geholfen werde."

Im August 1530 trat Hohann Sutel ein ordentliches Predigeramt an und wurde der erste Superintendent Göttingens (bis 1542). Im Mai 1531 stellte Göttingen den Antrag auf Aufnahme in den Schmalkaldischen Bund. Die letzten altgläubigen Dominikaner und Franziskaner verließen im Juli 1533 die Stadt. Im Jahre 1536 wurde in der „Theaterstraße" das Haus mit der platt-

deutschen Inschrift errichtet. Zehn Jahre später entstand in dem Bürgermeisterhaus Ecke Theaterstraße/Jüdenstraße der berühmte Erker des Bürgermeisters Giseler Svanenvogel, der es 1531 bis 1566 bewohnte. 1547/48 erhielt das Haus seine prächtige Bildsprache ins Fachwerk geschnitzt – an der Hausecke reicht seine Frau Othilia dem Bürgermeister etwas zu trinken.

Zur Geschichte der Stadt findet man im Städtischen Museum am „Ritterplan" weitergehende Informationen; das Museum ist in einem wahren Renaissancepalast „in Fachwerk" untergebracht, der 1592 errichtet wurde.

Blick auf das historische Rathaus vom Marktplatz aus. Dahinter befindet sich die Kirche St. Johannis. Das Rathaus wurde von 1369 bis 1444 errichtet und schloss mit niedrigerem Dach ab.

Göttingen Tourismus e.V. , Fotograf: Lars Gerhards.

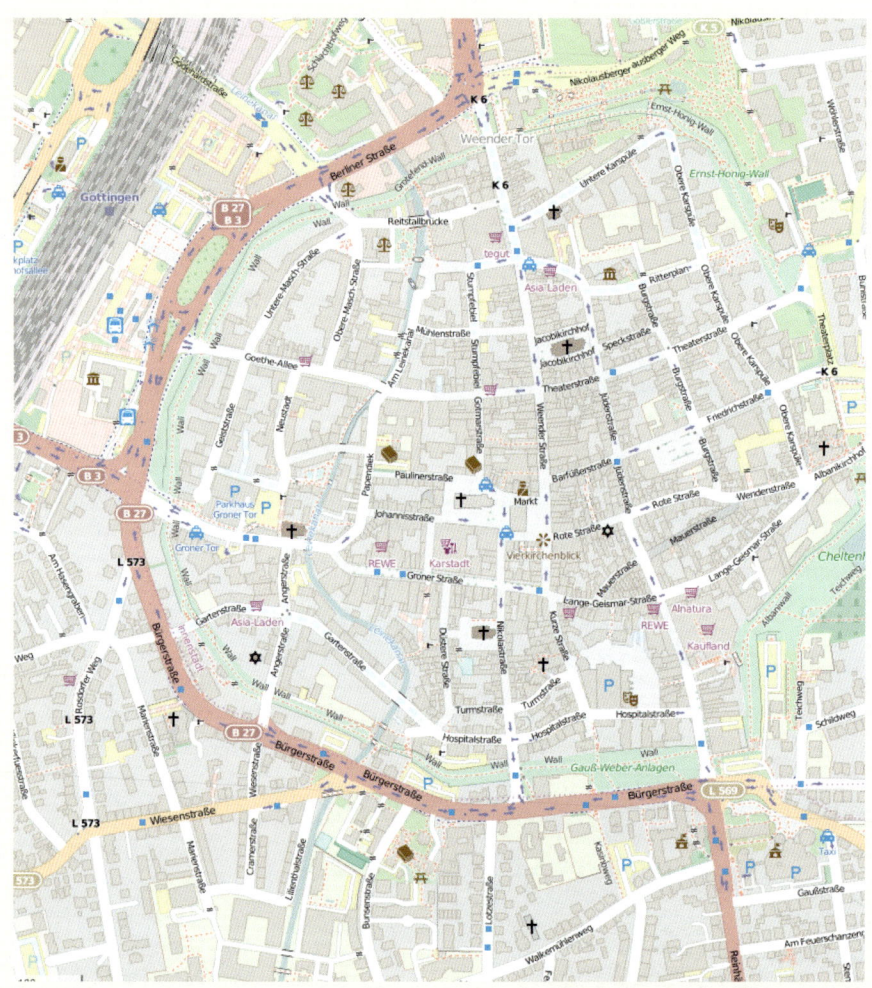

Tourist-Information

Altes Rathaus
Markt 9, 37073 Göttingen

Telefon:+49 5 51 / 49 98 00
www.goettingen-tourismus.de

AM ANFANG WAR DAS WORT

LUTHER 2017
500 JAHRE REFORMATION

WUSSTEN SIE SCHON, ...

... dass Martin Luther mit seiner Bibelübersetzung 1521/22
auf der Wartburg den Grundstein für die deutsche Schriftsprache legte?
Er übersetzte die Bibel in eine Sprache, die *„die Mutter im Hause,
die Kinder auf der Gasse"* und der *„Mann auf dem Markt"*
verstehen konnten und schuf dabei viele heute
noch gebräuchliche Ausdrücke, wie zum Beispiel ...

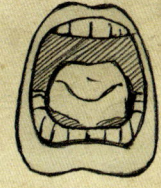

Mehr über die Wortschöpfungen Martin Luthers
erfahren Sie unter www.luther2017.de.

„Lösung; Machtwort"

Blick vom Schloss auf die Stadt Mansfeld mit St. Georgskirche und Luthergedenkstätte.

Luthers Herkunft

Mansfeld, genauer Thal-Mansfeld, ist der Ort, in dem Martin Luther aufwuchs. Hierher zogen seine Eltern ein Dreivierteljahr nach Luthers Geburt. Luthers sagte über seine Herkunft, dass er ein „Mansfeldisch Kind" sei – und damit ist beides gemeint: Die Stadt Mansfeld und die Grafschaft Mansfeld, zu der die Stadt wie auch Eisleben gehört. Wenn man durch Mansfeld „Luthers Schulweg" geht, geht es bergauf zur einstigen Lateinschule an der St. Georgskirche. An der Kirche sieht man wie damals hinüber zum Schloss Mansfeld, sieht die umliegende Hügellandschaft und spürt, wie es im Ort die Straße hoch und runter geht. Auf der Höhe überragt die Stadtkirche St. Georg die Stadtsilhouette. Die Stadtkirche diente den Grafenlinien Mansfeld-Vorderort und Mansfeld-Hinterort als Grablege. 1616/1617 entstand die gemalte Bilderbibel auf 49 Tafeln der Kirchenempore. Gezeigt werden ausschließlich Szenen aus dem Neuen Testament; von Martin Luther existiert ein Gemälde aus dem Jahre 1540 aus der Werkstatt des Lucas Cranach des Älteren. Außen im Südportal hängt ein Kunstwerk, dass den Jungen Luther zeigt, wie er dabei ist, Mansfeld hin-

In der „Lutherstraße" befinden sich das „Lutherhaus" und die Luthergedenkstätte".

Schloss Mansfeld.

Schlosskirche.

ter sich zu lassen und „hinaus in die Welt" zu gehen, wie es auf dem Lutherdenkmal von 1913 heißt.

Fernhändler und anderes Volk zogen über die Lutherstraße an der Marktkirche vorbei. Mansfeld war ein aufstrebenden Städtchen, das mit seinem Grafenhaus das Schicksal teilt, gerade im Reformationsjahrhundert seine große Zeit erlebt zu haben. Das alte Rathaus („Lutherstraße 12") diente bis 1901 als Sitz der Stadtverwaltung. Daneben steht die 1616 errichtete Stadtschule („Rektorat") mit dem Renaissanceportal.

Motor der wirtschaftlichen Entwicklung war das Grafenhaus von Mansfeld, das sich 1501 in drei Linien geteilt hatte: Mansfeld-Vorderort, Mansfeld-Mittelort, Mansfeld-Hinterort. Die Bezeichnung „... ort" bezieht sich auf einen Wohnabschnitt des Schlosses Mansfeld. Die Gesamtanlage maß 350 Meter Länge und 230 Meter Breite. Melanchthon wird mit dem Ausruf zitiert, dass das Schloss eines Kaisers würdig sei. Während die Grafenlinien Mansfeld-Mittelort und Mansfeld-Hinterort früh zu Martin Luther übergingen, blieb das Haus Mansfeld-Vorderort der bisherigen Lehre treu, die man zunächst noch als „altgläubig" und später als „katholisch" bezeichnete. Im

Das Schicksal der Mansfelder Grafschaft ist auch das Schicksal des Schlosses: Auf die Abbauwut im Bergbau und die Bauwut am Schloss folgte die Überschuldung und Handlungsunfähigkeit, der Verfall und die politische Bedeutungslosigkeit.

Jahreswechsel von 1545 nach 1546 waren Melanchthon, Martin Luther und Justus Jonas Gäste auf Schloss Mansfeld.

Hans Luder/Luther hatte eine Bürgerstochter aus Eisenach geheiratet und entstammte selbst einem weitverzweigten Bauerngeschlecht aus der Umgebung von Eisenach, genauer aus dem Dorf Möhra. Hier gab es Kupferbergbau und von jenen Bergbaumöglichkeiten in der Grafschaft Mansfeld musste Hans Luder/Luther gehört und sich entschlossen haben, an den Süsostrand des Harzes zu ziehen. Nach eine Etappe in Eisleben, wo sein Sohn

Die restaurierte Kirche St. Georg.

Durch diese Kirchenpforte gingen bereits die Stadtbürger der Reformation.

Martin zur Welt kam, zog es das Ehepaar Hans und Margarethe 1584 nach Mansfeld (Grundstück „Spangenberggasse 2"). Im Frühjahr 1488 kam Luther mit viereinhalb Jahren in die Schule, die er nun acht Jahre

lang besuchte, bevor er ab dem Frühjahr 1497 weiter in Magdeburg die Schule besuchte. Außer Latein wurde viel Gesang geübt. Beides diente auch zur Vorbereitung auf den Dienst in der lateinischen Messe. An Stelle der einstigen Lateinschule befindet sich heute die Tourist-Information der Stadt „Mansfeld-Lutherstadt".

In Mansfeld investierte Hans Luder/ Luther sein Kapital in Anteile an einer Schmelzhütte; als Kleinunternehmer erwarb er sich das Ansehen, um in die Organe der städtischen Selbstverwaltung gewählt zu werden. Zur ersten Messe

Das zeitgenössische Lutherkunstwerk an der Kirche und das Lutherdenkmal von 1913 auf dem Marktplatz zeigen beide Martin Luther als Kind.

Die Schule von 1616, „Rektorat" genannt, neben dem historischen Rathaus - Eingangsportal zur Schule.

seines Sohnes vermochte der Vater ihm bereits 20 Gulden (!) zukommen zu lassen. Mansfeld war eine Kupfer-Grube, die so manche zu Wohlstand kommen ließ. Seit 1491 wohnte die Familie Luder/Luther in der „Lutherstraße", wo sich ihr einstiges Wirtschaftsgebäude erhielt (Lutherstraße 26; heute: Luthergedenkstätte). Die Inschrift

„J.L. 1530" bedeutet, dass Luthers Bruder Jakob 1530, nach dem Tod des Vaters, das väterliche Erbe übernommen hatte.

Der Bergbau ging weiter, die Stadt überlebte diese Boomphase und das Jubiläum der Reformation beschenkt uns in Mansfeld, Stadt und Schloss, reich mit dem bewahrten Erbe des Reformationsjahrhunderts.

In der „Junghuhnstraße 5" wohnte von 1553 bis 1574 der Stadt- und Hofprediger und Chronist der Mansfelder Grafschaft, Christoph Spangenberg.

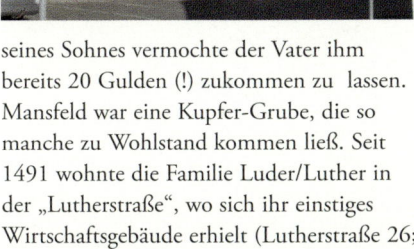

Touristinfo

Stadtinformation Mansfeld
Junghuhnstraße 2
06343 Mansfeld
Tel.: 03 47 82 / 9 03 42
www.mansfeld.eu
www.lutherstaedte-eisleben-mansfeld.de

Luther-Denkmal auf dem Marktplatz.

Luthers A & O

Martin Luther wurde am 10. November 1483 in Eisleben, in einem Haus in der „Langen Gasse", unterhalb der Kirche St. Peter und Paul geboren. Das Haus wurde zwar erneuert, steht aber mit seinen ursprünglichen Maßen auf originalem Boden. Luther wurde in der benachbarten Kirche Petri und Pauli getauft. Die besuchenswerte Taufkirche Luthers wurde im Jubiläumsjahrzehnt der „Lutherdekade" zu einem „Zentrum Taufe". Dass Luther am 16. Februar 1546 in Eisleben, im Haus „Markt 56", verstarb, schenkt Eisleben die Tatsache, dass diese Bergbau- und Handelsstadt Luthers ganz persönliches „A & O" war. In Eisleben informiert ein eigenes Sterbehaus als Luthergedenkstätte über diesen Moment des Abschieds von den

Links:
Luthers Geburtshaus;
(gegenüber der
Tourist-Information)

Rechts:
Luthergedenkstätte
„Sterbehaus Luthers"
(gegenüber der
Andreaskirche).

Luthers Taufkirche St. Petri und Pauli.

St. Andreas, oberhalb des Marktplatzes.

Seinen, die ihn begleiteten und im Sterben bei ihm waren. Luther wurde in der Wittenberger Schlosskirche bestattet.

Eisleben war im Reformationsjahrhundert nicht nur eine boomende, sondern auch die wichtigste Stadt der Grafschaft Mansfeld. Der Markt von Eisleben ist bereits vor dem Jahr 1000 überliefert. Hier über den Fluss „Böse Sieben" zog der Handel von Helfta über Eisleben gen Norden. Die Altstadt erstreckt sich entlang und westlich des alten Süd-Nord-Fernweges. Eisleben war dabei sich von den Folgen eines fürchterlichen Stadtbrandes zu erholen und erstahlte zu Beginn der Reformation in einem modernen Stadtkleid. Das Rathaus stammt aus den Jahren 1509 bis 1530. Die Historikerin Dr. habil. Gerlinde Schlenker verweist darauf, dass dort, wo seit 1883 das Lutherstandbild steht, zu Luthers Zeiten „unter der Linde" Recht gesprochen wurde.

Luther blieb sein Leben lang seiner Geburtsstadt verbunden; zugleich war Eisleben schon früh stolz auf diesen berühmten Sohn der Stadt und achtete seine Empfehlung, 1525 im ehemaligen Augustinerkloster eine Lateinschule zu gründen. Die altgläubig gebliebenen Grafen von Mansfeld-Vorderort gründeten eine katholische Gegenschule; beide Schulen wurden 1546 zu einem Gymnasium zusammengelegt (heute: Luthergymnasium).

Die Grafen von Mansfeld-Vorderort hatten ihren Stadtsitz am „Markt 56", die Grafen von Mansfeld-Hinterort am „Markt 58" und die Grafen von Mansfeld-Mittelort am „Markt 34". Die hohe Verschuldung aller drei Grafenlinien führte bis 1580 zur Aufteilung der Gesamtgrafschaft unter das Erzbistum Magdeburg und dem Kurfürstentum Sachsen.

St. Annenkirche in der ehemaligen Neustadt von Eisleben.

1511 gründete Graf Albrecht IV. von Mansfeld-Hinterort auf seinem Land die Siedlungen „Vogelsang" und „Bergstadt" und verlieh ihnen 1514 das Stadtrecht. Ein Jahr zuvor, 1513, wurde die St. Annenkirche begonnen (1608 fertig gestellt, Foto rechts).

In Eisleben wirkte Martin Luther noch bevor er als Reformator bekannt wurde. 1515 gründete er als Augustiner-Distriktvikar das Augustiner-Eremitenkloster, das 1523 wieder aufgelöst (und später als Schule verwendet) wurde. Bis heute haben sich zwei Mönchszellen des ursprünglichen Klosters erhalten. Die St. Annenkirche schmückt seit 1585 eine steinerne Bilderbibel im Chor (Foto rechts). Die Neustadt erhielt dann noch ein Rathaus (1589 fertig gestellt) und eine seperate Stadtbefestigung. Erst 1808 wurden Altstadt und Neustadt zusammengelegt. Als eigentlicher Motor der Reformation in der Stadt Eislebens gilt Casper Güttel, der Prior des 1515 gegründeten Augustinerklosters. Als Freund und Anhänger Luthers setzte er sich für die Übernahme der lutherischen Lehre ein und wurde zum „Reformator Eislebens".

Blick von der St. Annenkirche auf die Altstadt von Eisleben.

In wenigen Sätzen fasst Gerlinde Schlenker das Schicksal der Grafschaft im weiteren Verlauf zusammen: „Verhängnisvoll für Eisleben und Umgebung war es, dass durch Raubbau der Mansfelder Grafen, ihre enorme Verschuldung und Erschöpfung der technischen Möglichkeiten Ende des 16. Jahrhunderts der Bergbau zum Erliegen kam."

Der Bergbau kehrte in späteren Zeiten wieder zurück, aber die Reformation hatte Eisleben eine neuen Anschub der Entwicklung geschenkt – auch und gerade in Zeiten der Erinnerung an die einstige große Zeit (Foto unten).

Unterhalb des Rathauses der Altstadt von Eisleben (Foto oben) erstreckt sich der Marktplatz mit dem Haus, in dem Luther 1546 verstarb („Markt 56", Foto unten).

Tourist-Information

Lutherstadt Eisleben
Hallesche Strasse 4 - 6
06295 Lutherstadt Eisleben
Tel.: +49 03475 / 602124
www.eisleben.eu
www.eisleben-tourist.de
www.lutherstaedte-eisleben-mansfeld.de

www.luther2017.de

AUF DEN SPUREN DES REFORMATORS

Erleben Sie Geschichte hautnah!
Kommen Sie in die Lutherstadt Wittenberg
und auf die Wartburg in Eisenach.

AM ANFANG
WAR DAS WORT

LUTHER
2017
500 JAHRE
REFORMATION

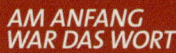

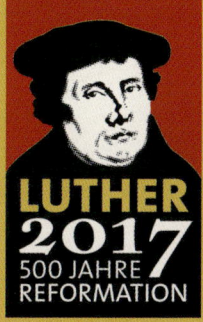

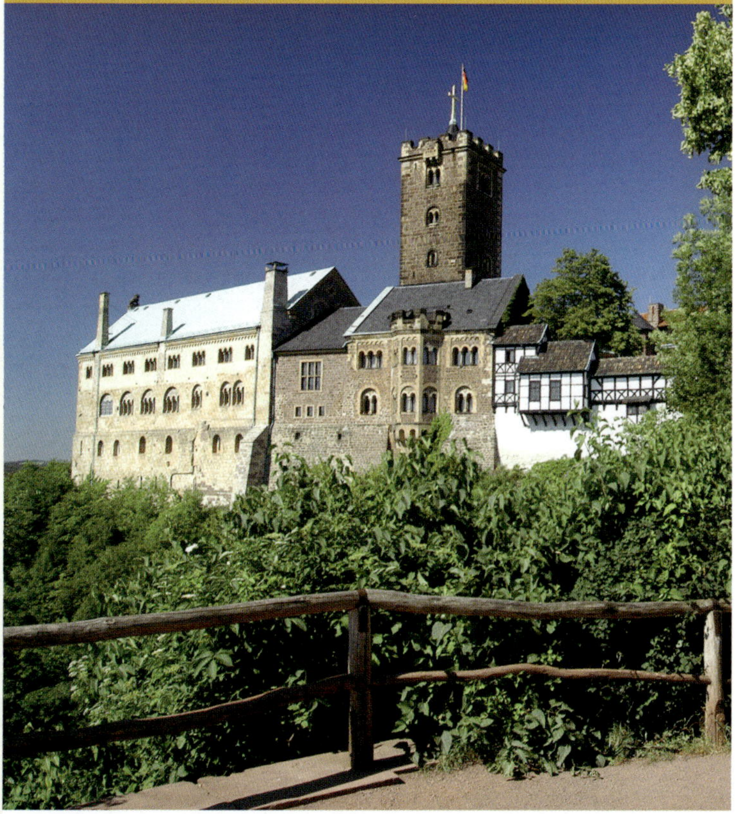

Das Tal der Thyra als „Schlagader" der Reformation

Wenn Wittenberg das „Herz der Reformation" war, dann war Stolberg für die östliche Harzregion eine „Schlagader" der Reformation. Der Weg der Ausbreitung und Verfestigung der Reformation führte von Wittenberg nach Stolberg und von dort jeweils nach Nordhausen und nach Wernigerode. Wenn wir also durch die engen Täler Stolbergs zum Nachbau des Geburtshauses Thomas Müntzers („Niederngasse 1") oder zum Schloss schreiten, spüren wir die Bedeutung dieser Straßen auch als Durchlass der reformatorischen Gedanken.

In Stolberg wurde früh schon das Bedürfnis nach einer Predigt im evangelischen Sinne geäußert. Der Landesherr und Fürst, Graf Botho III. von Stolberg (1467-1538), ließ seine Bürger gewähren, sofern die Ordnung und Wirtschaft nicht gefährdet wurde. Graf Botho erlebte 1521 auf dem Reichsstag zu Worms Luther, blieb aber Anhänger der bisherigen Lehre und papsttreu. Auch galt er als gottesfürchtig: Er war im Jahre 1500 nach Santiago des Compostela gepilgert. 1521 hatte er mit Blick auf die Veränderungen seiner Zeit geschrieben: „Gott gebe, dass es gut werde." Dennoch hatte er seine Söhne zum Studium nach Wittenberg geschickt. Der Fürst erkannte die Zeichen der Zeit und tolerierte das Einsickern der Reformation in sein Stolberg.

Seinen Reichtum verdankte Stolberg dem Bergbau. Darüber hinaus gingen zahlreiche Dienstleistungen gingen mit dem Bergbau einher: Fuhrleute, Knochenhauer, Wollenweber bildeten in Stolberg eigene Vereinigungen. In der Niederngasse 19" stand die Münze mit dem Berglehensamt (von 1535), das heutige Museum. In der „Niederngassee 6" gab es eine gräfliche Waffenschmiede (1527).

Aus dem Reformationsjahrhundert stammen ferner die Häuser „Reicher Winkel 3"

(1535), „Am Markt 10" (um 1560). Im prächtigen Haus „Markt 4", beherbergte Wilhelm Reiffenstein am 21. April 1525 Martin Luther. In Stolberg erhielt Luther vom Rat der Stadt zur Begrüßung Einbecker Bier ausgeschenkt. Die Anreise Luthers war nötig geworden, um der aufgeheizten Stimmung im Bauernkrieg entgegenzuwirken. Luther predigte in der Martinikirche und bemühte sich, das Volk zu beruhigen. Zehn Tage später aber belagerten im Mai 1525 die Aufständischen des Bauernkrieges den Grafen selbst in seinem Schloss. Der Graf war gezwungen, eine Vereinbarung mit den Aufständischen zu unterschreiben (24 Artikel). Trotz der Vereinbarung sprang der Funke des Aufstands auch in

Nach einem Brand wieder errichtetes Geburtshaus des Reformators Thomas Müntzer.

die zweite große Stadt seiner Herrschaft: nach Wernigerode. Später wurden neun Stolberger Bürger hingerichtet, die zu den Anführern des Sturmes auf das Schloss gehört hatten.

Stolberg ist bekannt als Geburtsstadt des Thomas Müntzer; sein Familienhaus brannte ab und entstand wieder im Nachbau. Müntzer predigte hier am 13. April 1522 in Stolberg. Auch war Johannes Spangenberg vermutlich schon 1522 in Stolberg; darauf deutet die Beschwerde des altgläubigen Fürsten Georg von Sachsen hin, der bei seinem untergebenen Grafen auf die Unterdrückung der neuen Lehre drängte. Spangenberg, der spätere „Reformator Nordhausens", blieb bis 1524 in Stolberg. 1523 wurde in Stolberg die Zahl der Geistlichen von über 20 auf drei verkleinert. Als Reformator Stolbergs aber wird Dr. Tilemann Plathner angesehen, der Hofprediger und „Erste Rath" des Fürsten. Die gute Beziehung zum Grafen Wolfgang, Sohn

Das Städtische Museum in der „Niedergasse 19" beherbergte einst die „Münze".

Bothos III., bestanden schon früh: Graf Botho hatte 1520 seine Söhne Wolfgang und Ludwig zum Studium nach Wittenberg geschickt und ihnen den Prediger Tilemann Plathner zur Seite gegeben. Im Sommersemester 1521 war Graf Wolfgang von Stolberg Rektor der Universität Wittenberg und Tilemann Plathner Vizerektor. 1521 erhielt Tilemann Plathner am 14. Oktober zusammen mit Justus Jonas die Doktorenwürde der Theologie. In einem Brief des Eobanus Hassus an Spangenberg von 1522 ließ der Schreiber den Tilemann Plathner und Wilhelm Reiffenstein grüßen. Mit Wilhelm Reiffenstein, dem Rentmeister des fürstlichen Grafen – heute würde man sagen: Finanzminister – ist nun der letzte große Name für Stolberg gefallen. Reiffenstein und Plathner sind enge Vertrauensleute und wichtige Räte für den Grafen, aber zugleich sind sie die Verbindung nach Wittenberg. Die persönlichen Beziehungen Melanchthons zu den Reiffensteins bestanden seit 1919. 1527 wurde auf Melanchthons Fürsprache hin Martin Faber in Stolberg als Lehrer

Herrlicher Renaissance-Bogen, „Niederngasse XY".

Stimmungsvoller Gang zwischen der St. Martinikirche und Gemeindehaus.

Blick vom Schloss über das Städtchen Stolberg im engen Tal des Flusses Thyra.

angestellt. 1528 übergab Melanchthon seinem Freund Reiffenstein gemalte Bilder aus Nürnberg. Wilhelm Reiffenstein war über seine Frau Barbara, deren Schwester einen Bruder Luther geheiratet hatte, ein Angehöriger des erweiterten Familienkreises um Luther. Reiffenstein war es aber auch, der sich 1532 vom Kaiser ein eigenes Wappen bestätigen ließ. Reiffenstein selbst gründete und finanzierte eine Knabenschule in Wittenberg. Reiffensteins jüngster Sohn war Tischgenosse bei Luther. Stehen wir also vor dem Haus der Reiffensteins, so erblicken wir zugleich einen weiteren mächtigen Pflock der Reformation in Stolberg. 1537 weilte Melanchthon in Stolberg.

1529 wurde in Stolberg die lateinische Messe eingestellt sowie das lateinische Stundengebet.

1538 verstarb der alte Fürst, Graf Botho III.; seine Söhne verankerten die evangelische Lehre nun dauerhaft. Tilemann Plathner erhielt das Amt des Hauptpredigers zu St. Martin und des Hofpredigers – er wurde der erste Superintendent Stolbergs. Die Reiffensteins verlegten ihren Schwerpunkt nach Wernigerode, Plathner wirkte in Stolberg weiter. Später unterstützte Plathner die Äbtissin Anna von Quedlinburg, die Schwester Wolfgangs, bei der Einführung der Reformation in Quedlinburg. Melanchthon widmete ihm sein Werk „loci communes". Sein Abbild fand sich später auf dem Altarbild von St. Blasii (Nordhausen).

Durch dieses Tor im Südflügel des Schlosses stürmten die Aufständischen des Bauernkrieges.

Reich verzierter Fachwerkbau von 1550.

Rechts: Romantische Turmhaube auf dem Renaissanceturm des Schlosses Stolberg.

Links: Eingang zum Schloss und zur zweiten Tourist-Information im Schloss.

Tourist-Information Stolberg

Niedergasse 21
06536 Südharz OT Stolberg
Tel.: +49 3 46 54 / 502
www.stadt-stolberg.de

Juliana zu Stolberg-Wernigerode (1506-1580),
Tochter des Grafen Botho III.,
Mutter des niederländischen Königshauses.

Skulptur von Prof. Bernd Göbel, Halle.

Historisches Rathaus von Wernigerode, einst als Spielhaus errichtet, dient das Gebäude seit 1540 als Rathaus.

Zwischen Bauernkrieg und Reformation

Im Jahre 1429 fielen die Grafschaft mit der Stadt Wernigerode durch Erbfall an das gräfliche Haus Stolberg. Fortan heißen die Grafen „von Stolberg-Wernigerode". Wernigerode liegt an einem wichtigen Fernweg, der unterhalb des Schlosses in den Harz führt und das Brockenmassiv von Osten her, Richtung Nordhausen, umgeht. Dieser Weg wird heute auch als Pilgerweg „VIA ROMEA" (auf dem Weg von Stade nach Rom) begangen. Wernigerode entstand um die Stifskirche St. Sylvestri und dem Marktplatz daneben (Altstadt); die Neustadt entwickelte sich um die Liebfrauenkirchen (Marienkirche) herum. Wernigerodes wirtschaftliche Entwicklung erfuhr durch die Gründung der Hütten „Seigerhütte" (1511) und „Schmelzhütte" (1515) weitere Schübe. Das „Spielhaus" (seit 1540 Rathaus) ist

Zeuge des Wohlstands der Stadt vor dem Ausbruch der Reformation.

Neben der Stadt lag das Kloster Himmelpforten, das 1253 von den Herren von Hartesrode/Hasserode gegründet worden war. Dieses Kloster war ein Augustinerkloster und gehörte vor Beginn der Reformation mittlerweile der Stadt Wernigerode. Der Augustinerorden verwaltete das Kloster in seiner „Provinz Sachsen". Hier im Kloster Himmelpforten ist der letzte Kontakt zwischen Martin Luther und seinem Vorgesetzten und Beichtvater Johann von Staupitz am 6. August 1517 bezeugt. Dies geht aus einem Brief Luthers an seinen Freund Johannes Lang, der in Himmelpforten geschrieben wurde, hervor. Beide besprachen sich über den Ablasshandel. Dieses

Foto links: Liebfrauenkirche, in der die erste evangelische Gemeinde begründet wurde. Aus dieser Kirche soll der Altar stammen, der sich heute in der Sylvestrikirche befindet (Foto oben rechts); das Epitaph des Sebastian Knauer krönt die Darstellung Luthers (Anfang 17. Jahrhundert, Sylvestrikirche).

Gespräch gilt auch als zenteal, weil deren Ergebnisse letztlich in die Ausformulierung der Thesen Luthers vom Oktober 1517 führten. Ein „Lutherstein" vor Ort erinnert an diese Zusammenkunft.

Wernigerode, das waren zu Beginn der Reformation zwei Städte, nämlich die Altstadt und die Neustadt. In dem „Heideviertel" um die St. Nikolaikirche wohnten die weniger Wohlhabenden. Soziale Schieflagen bemächtigten sich der Reformation. Der fürstliche Leibarzt und Barbier Wilhelm Wiardes rief 1525 in Wernigerode zum Aufstand auf. Die Wernigeröder Aufständischen verbündeten sich mit den Aufständischen aus Nöschenrode und Elbingerode und überfielen im Mai 1525 unter der Führung von Hans Tantzke, Schenk

der Nöschenröder Schenke, das Kloster Himmelpforten und darüber hinaus auch die Klöster Ilsenburg, Drübeck und Wasserleben.

„Hotel „Gothisches Haus", Wohnsitz der Familie Reiffenstein, die 1547 Philipp Melanchthon Schutz gewährte.

„Breite Straße 4": Haus von 1583 mit Rosetten auf den Fußbändern, Tauband und Kreuzbogenfries. Die reiche Verzierung ist eine Mode der 1580er Jahre.

„Klint 7": alte Lateinschule (scole 1393); hier am Klint befanden sich die Höfe der Stiftsherren von St. Sylvestri.

Graf Botho von Stolberg-Wernigerode ließ die Aufständischen entwaffnen und den Kopf der bewegung, Wilhelm Wiardes, zum Tode verurteilen. Durch Fürsprache der Herzogin von Braunschweig-Wolfenbüttel wurde dieses Urteil in eine lebenslängliche Verbannung umgewandelt. Von 1525 an blieb das Kloster zerstört.

Zerstörung brachte auch der große Stadtbrand von 1528, der auch das Rathaus auf der Ostseite des Marktes vernichtete, so dass der Fürst 1540 sein „Spielhaus" als Rathausgebäude zur Verfügung stellte. Für den Wiederaufbau der Stadt wurde auf dem Gelände des Klosters Himmelpforten eine

Ziegelei errichtet. 1528 ist auch das Jahr, in dem der Graf die Verbreitung der Lehre Luthers erlaubte. Graf Botho ließ einen ersten evangelischen Prediger aus Halberstadt kommen. 1533 setzte der Graf Heinrich Weddige als evangelischen Pfarrer an der Liebfrauenkirche ein. 1536 folgte Jacob Grobecher aus St. Albani (Göttingen) dem Ruf nach Wernigerode und unterstützte Weddige in seiner Pfarre.

Dechant der Stadt mit ihren Pfarrstellen aber war Johann Werner: Er war ein entschiedener Gegener der Reformation. Erst mit Werners Tod konnte 1541 die Stadt evangelisch werden. Fürst Wolfgang von

Blick auf das „Westerntor" am Ende der „Westernstraße".

Stadttor der spätmittelalterlichen Befestigung: Westerntor.

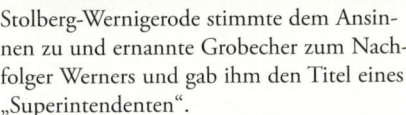

*Links und oben:
Romantische Altstadtecken
in Wernigerode.*

Stolberg-Wernigerode stimmte dem Ansinnen zu und ernannte Grobecher zum Nachfolger Werners und gab ihm den Titel eines „Superintendenten".

Nach der Schlacht bei Mühlberg 1547, die Kaiser Karl V. gegen den Schmalkaldischen Bund gewann, nahm der Reformator Philipp Melanchthon bei seinem „Herzensfreund" Reifenstein Zuflucht.

*Blick über die Altstadt zum Schloss
Wernigerode.*

*Die Straße nach Schierke führt zur Harz-Hochschule; Dort parken wir und gehen
das Tal zur Stelle hinauf, wo bis 1525 das Augustiner-Kloster Himmelpforten stand.
Hier kam Martin Luther im Sommer 1517 seiner Aufsichtspflicht über das örtliche
Augustinerkloster nach. Ein „Lutherstein" erinnert an ihn.*

Tourist-Info:

Wernigerode Tourismus GmbH

Marktplatz 10
38855 Wernigerode

Tel.: +49 39 43 / 5 53 78-35
www.wernigerode-tourismus.de

Die Tourist-Information befindet sich im
historischen Rathaus (links).

SETZEN SIE DIE
GESCHICHTE ZUSAMMEN

Wandeln Sie auf den Spuren Martin Luthers und entdecken
Sie die „Kleinode der Reformation" Mühlberg/Elbe und Torgau.
Mehr dazu erfahren Sie unter www.luther2017.de.

AM ANFANG
WAR DAS WORT

LUTHER
2017
500 JAHRE
REFORMATION

Das Juleum.

Welfische Landesuniversität

Bis zum Jahre 1539 wurde in Wittenberg für alle evangelisch-lutherischen Stellen ordiniert. Die Aufgabenfülle der Reformatoren in Wittenberg war so umfassend, dass Martin Luther den großen und kleinen Katechismus war für mangelhaft gebildete Pfarrer und für Laien verfasste, damit die neue Lehre auch im Selbststudium zugänglich wurde. Der Pfarrer Anton Corvinus bildete sich beispielsweise in Witzenhausen selbst weiter und griff dabei auf die Hinweise zum Selbststudium des Philipp Melanchthon zurück. Die welfische Landesvisitation im welfischen Teilfürstentum Braunschweig-Wolfenbüttel brachte 1568 hervor, dass knapp zehn Prozent der Geistlichen den Anforderungen Wittenbergs standhielten, so dass es einen großen Nachholbedarf an Bildung bei Laien und Geistlichen gab.

Als weitere wichtige frühe Universitäten der Reformation boten sich Erfurt und Rostock an. Da das Prüfungs- und Ordinationsrecht für alle landeskirchlichen Geistlichen an einer Universität hing, bemühten sich evangelische Fürsten, eigene Landesuniversitäten zu gründen. Landgraf Philipp von Hessen erkannte schon früh diese Zusammenhänge und gründete 1527 seine Landesuniversität zu Marburg. 1544 entstand eine Landesuniversität in Königsberg und 1558 in Jena. Als also in den welfischen Landen 1574 eine Landesuniversität zu Helmstedt etabliert wurde, geschah dieses in Fortsetzung einer Entwicklung, die bereits einige Stationen hinter sich hatte.

Ein Jahr nach Gründung der Marburger Universität (1528) wurde Julius, Sohn des Herzogs Heinrich der Jüngere, geboren. 1568 folgte er seinem Vater in der Regie-

Hoflager Herzog Julius'.

rung und leitete das stetig vergrößerte
Fürstentum Braunschweig-Wolfenbüttel
bis 1589. 1570 wurde in Gandersheim
ein „Paedagogium illustre" gegründet; im
Jahre 1574 wurde dieses Gandersheimer
Obergymnasium nach Helmstedt in den
Stadthof des vom Landesherrn säkularisier-
ten Marienklosters verlegt. In Helmstedt
erfuhr dieses Paedagogium den Ausbau zur
Volluniversität. Im Oktober 1576 wurde die
„Academia Julia" als 19. Reichsuniversität
eingeweiht. Helmstedt galt von Anfang an
als universitäres Bollwerk der Reformation.
Die Statuten der philosophischen und theo-
logischen Fakultät wurden vom Rostocker
Theologen David Chytraeus erarbeitet.
Ihm zur Seite stand der Braunschweiger
Stadtsuperintendent Martin Chemnitz.
Chemnitz und Chytraeus – beide waren
Melanchthonschüler. Der Einfluss der
Reformation nach Melanchthon verstärkte

*Wohnhaus des Bruno Giordano, der 1600
in Rom als Ketzer verbrannt wurde.*

sich noch zum Nachteil des orthodoxen Luthertums nach dem Tode Herzog Julius 1589. Sein Nachfolger Herzog Heinrich Julius (1589-1613) musste 1601 den „Helmstedter Theologenstreit" lösen und entschied, dass philosophische Schlussfolgerungen nach der Vernunft auch in der theologischen Fakultät Anwendung finden dürften.

Da der Herzog seine Entscheidung auch kirchenhistorisch begründete, gewann die Kirchengeschichte und damit das Studium der Geschichte an Bedeutung.

Helmstedt stieg mit ungefähr 450 Studenten pro Jahrgang schnell zur drittstärksten Universität des Reiches – nach Wittenberg und Leipzig – auf.

Aus dem Stadt- und Umfeldbereich von Wernigerode zum Beispiel kamen zwischen 1576 und 1636 über 1000 Studenten. Man erkennt an diesem Beispiel, wie sehr die Landesuniversität die nachhaltige und regionale Verankerung der Reformation verstärkte. Im 18. Jahrhundert verlor die Universität von Helmstedt zu Gunsten der Neugründung in Göttingen an Bedeutung und wurde schließlich aufgelöst.

Heute stoßen wir beim Durchwandeln von Helmstedt auf das „Juleum" und andere Zeugnisse des Reformationsjahrhunderts.

Der „Hausmannsturm" ist Teil der mittelalterlichen Stadtbefestigung. Durch sein Tor kamen Herzöge, Bürger, Professoren und Studenten.

Info am Markt

Markt 1 · 38350 Helmstedt
Telefon: +49 53 51/39 90 95
www.stadt-helmstedt.de

St. Blasii, Reformationsgemälde von Lucas Cranach dem Jüngeren.

Evangelische Reichsstadt
zwischen katholischem Reichskloster und Kaiser

Nordhausen war – wie Goslar – eine Reichsstadt und unterstand dem König selbst und keinem Landesherrn. Die Reichsstadt Nordhausen lag mit ihrer Gemarkung wie eine Insel zwischen des Territorien der umliegenden Grafschaften und Herzogtümer. Innerhalb der Stadt aber gab es wiederum inselartig das Reichsstift, das 955 von Mathilde, Mutter Ottos des Großen, gegründet worden war. Das Reichsstift St. Crucis („Dom") war ein Damenstift und die Äbtissin des Stiftes achtete nicht nur auf die Einhaltung der religiösen Ordnung im Kloster, sondern auch über die Pfarrstellen in der Stadt. An der geistlichen Oberaufsicht des Reichsstiftes über die Stadt entzündete und schwelte der Konflikt in der Stadt bei der Einführung

St. Crucis - katholische „Insel" in der evangelichen Reichsstadt Nordhausen mit der romanischen Krypta (unten links).

vom Reichsstift. Am 16. Februar 1522 wurde in Nordhausen, in der Petrikirche, die erste Predigt gehalten. Das Reichsstift musste zusehen, wie der Rat der Stadt zwei Jahre später – am 28. Februar 1524 – die Reformation einführte. Von Martin Luther ist der Ausspruch überliefert: „Ich weiß keine andere Stadt am Harz oder sonst, welche sich dem Evangelio so bald unterworfen (hat) als die Stadt Nordhausen."

Die Altgläubigen sammelten sich im und um das Stift: Georg Neckerkolb, Pfarrer an St. Blasii, beispielsweise blieb altgläubig, widersetzte sich der neuen Lehre und zog sich ins Stift zurück. Die Stimmung entwickelte sich 1524/1525 immer aufgeheizter.

1525 besuchte Martin Luther Nordhausen, nachdem er zuvor in Stolberg gepredigt hatte. Am 22. April 1525 bezog Luther nun in Nordhausen gegen die Aufständischen Stellung. Wie in Stolberg fielen Luthers Worte nun auch in Nordhausen auf keinen fruchtbaren Boden: Im Mai 1525 wurde das Stift dennoch von Aufständischen geplündert und stark geschädigt.

Als Reichsstadt fiel Nordhausen selbst das Gut der konfiszierten Klöster zu. Das Stift wehrte sich und erwirkte vom König & Kaiser in den Jahren 1530, 1545, 1565 und 1582 Schutzbriefe:

St. Crucis blieb im Reformationsjahrhundert eine altgläubig-katholische Insel im evangelischen Nordhausen.

und Durchsetzung der Reformation in Nordhausen. Die evangelisch gesinnten Bürger sahen in der Reformation auch eine Chance zur völligen Emanzipation

St. Blasii: Johannes Spangenberg trat 1524 hier seine Pfarrstelle an und wurde der „Reformator Nordhausens".

Justus Jonas, der Freund Luthers, stammt aus Nordhausen; sein Familienhaus steht heute nicht mehr.

Idyllischer Altstadtblick.

Tourist-Information:

Stadt Nordhausen
Markt 1
99734 Nordhausen
Tel.: +49 3631 / 696-797
www.nordhausen.de

„Pax Christi" - Fenster im Dom.

Es scheint fast so, als ob das Haus des Evangelischen Hans Storre in den Himmel ragte.

Konfessioneller Haus-Disput über Straßen hinweg

Zwei Häuser stehen für den Wohlstand und den Zeitgeist des städtischen Bürgertums im Hildesheim des Reformationsjahrhunderts: Das »Wedekind-Haus« (1598) und das »Wernersche Haus« (1606).

Bauherr Hans Storte im Kreis seiner Familie (Wedekindsche Haus).

Beide Häuser sind außergewöhnlich reich an Schnitzwerk an den Stützbalken und auf den Füllbrettern (Brüstungstafel, Brusttuch) mit Bibelszenen, Bibelzitaten, Personifikationen von Natur, Eigenschaften und Musen. An beiden Häusern finden sich Darstellungen der Tugenden »Glaube, Liebe, Hoffnung und Duldsamkeit« sowie der Todsünden »Neid, Geiz und Hochmut«. Beide Bauherren hatten also einen hohen moralischen Anspruch, als sie ihre Kommunikation zur Straße schufen.

1598 errichtete der wohlhabende Patrizier Hans Storre ein Haus am Markt, acht Jahre später, 1606 baute Philip Werner ein Haus am Brühl. Beide Häuser stehen heute für den widerstreitenden Geist zwischen Protestanten und Lutheranern.

Das Haus des Katholiken Philip Werner am „Godehardsplatz 1 ".

Hildesheim war 1542 evangelisch geworden; Johannes Bugenhagen, Stadtpfarrer von Wittenberg und Freund Martin Luthers, war auf Einladung der Stadt nach Hildesheim gekommen und hatte am 1. September 1542 in der Andreaskirche die erste evangelische Predigt gehalten.

Hans Storre gehörte zum lutherischen Zirkel, der in der Stadt die Fäden in der Hand hielt. Storre hatte Margarete Bex geheiratet. Sie entstammte einer calvinistischen, politischen Flüchtlingsfamilie aus Flandern. In Flandern tobte der Kampf der protestantischen Niederländer gegen den katholischen Landesherrn, den König von Spanien.

Storre ließ ein Haus über fünf Stockwerke errichten mit dem eigenen Konterfei und dem seiner Frau an den Giebeln anbringen. Im dritten Stockwerk oben links findet man die vier irdischen Elemente, oben rechts die Todsünden. Im zweiten Stockwerk findet man die Sieben freien Künste und im ersten Stockwerk die Darstellungen der Tugenden. Als Kaufmann setzte er zwischen die Tugenden die Darstellung des Reichtums mit Krone und Zepter. Das sei für die damalige Zeit bemerkenswert, so der Historiker

Der Bauherr Philipp Werner verewigte sich mit seinem Haus als Glaubensbekenntnis.

Bildtafel mit dem hlg. Bischof Bernward.

Das Wedekindhaus neben der Tourist-Information am historischen Marktplatz.

Jürgen Reifenberger über das Bildprogramm des Storreschen Hauses. Nach der nachfolgenden Besitzerfamilie trägt das Haus heute die Bezeichnung »Wedekindhaus«. Es wurde in der Bombennacht vom 22. März 1945 zerstört und in den 1980er Jahren wieder errichtet.

Philip Werner war Sekretär des Bischofs und als solcher repräsentierte er die »katholische Seite« Hildesheims. Es verdankt seine Restaurierung dem Engagement des heutigen Besitzers.

Philip Werner erlebte seinen Fürstbischof nur selten persönlich. Seinem Fürstbischof Ernst von Bayern (1573 – 1612) unterstanden auch die Bistümer Freising, Münster und Lüttich, darüber hinaus war er seit 1583 Erzbischof von Köln. Da Fürstbischof Ernst nur einmal in Hildesheim war, diente Philip Werner nicht nur seinem abwesenden Fürstbischof, sondern war an seiner

Statt auch ein prominentes Gesicht der Bistumsverwaltung. Das Wernersche Haus steht im »Brühl« genannten Stadtbereich, in dem noch Häuser stehen, die den Stadtbrand von 1945 überstanden. Das Wernersche Haus hat seine Hauptseite zur Godehardikirche hin und umfasst fünf Stockwerke: Das oberste Stockwerk thematisiert die Todsünden; im 4. Stockwerk werden Herrscher und Fürsten dargestellt. Das dritte Stockwerk zeigt Tugenden und das zweite Stockwerk sieben Planetengötter. Aus Hildesheimer Sicht interessant ist die Tatsache, dass die Könige und Kaiser Karl der Große, Ludwig der Fromme und der heilig gesprochene Heinrich II. sowie die Bischöfe Bernward und Godehard dargestellt sind. Die Darstellung Mariens als Himmelskönigin mit Krone und Zepter ist der Patronin des Hildesheimer Bistums geschuldet und beweist den Hausherrn als Katholiken. Maria mit Krone und Zepter entspricht der figürlichen Darstellung des Reichtums mit Krone und Zepter am Wedekindhaus. Und so entdeckt man an beiden Häusern Spuren, wie Storre und Werner mit der Öffentlichkeit kommunizierten.

Tourist-Info Hildesheim

Rathausstraße 20
31134 Hildesheim
Tel.: +49 5121 / 17980
www.hildesheim.de

Die Alfelder Lateinschule von 1612 mit reichem Bildungsprogramm.

Alfelder Bildungs-Campus

Hinter dem Rathaus von Alfeld (Leine) steht die alte Stadtkirche St. Nikolai, die zum Sitz einer Generalsuperintendentur wurde. Oberhalb der Kirche wurde an der Seminarstraße 1612 die freistehende Lateinschule eingeweiht. Diese Lateinschule gibt Zeugnis von der Kraft städtischer Selbstverwaltung und des Stolzes des Bürgertums auf die Bildung ihrer Kinder. Und dieser Stolz zeigt sich im Bild- und Inschriftenprogramm dieses Hauses.

Die über alle vier Seiten der Schule laufende Hausinschrift zitiert Genesis 28, berichtet von der Jakobsleiter und sagt (nach Christine Wulf): „Siehe dieses Bild! Was nämlich ist Schule? Was, wenn nicht eine mystische Leiter, deren oberster Teil eine treu bewahrte Religion und eine wohlbehaltene Religion ist? Hier steigt das Lehrerkollegium herab, indem es die Lehren dem Auffassungsvermögen anpasst, damit die Jugend wiederum die Sprossen hinauf-

Eingang zur Lateinschule mit einem Zitat aus dem Buch „Jesus Sirach".

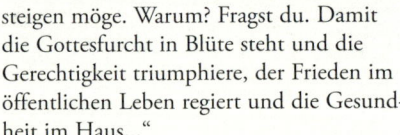

Westgiebel der Lateinschule mit der Darstellung des Dr. Martin Luther und Philipp Melanchton.

steigen möge. Warum? Fragst du. Damit die Gottesfurcht in Blüte steht und die Gerechtigkeit triumphiere, der Frieden im öffentlichen Leben regiert und die Gesundheit im Haus…"

Der Eingang der ehemaligen Lateinschule wurde mit einem Zitat aus dem Buch Jesus Sirach (Altes Testament, nicht Bestandteil der Lutherischen Bibelübersetzung): „Macht euch her zu mir ihr Unerfahrenen, und kommt zu mir in die Schule, und was euch fehlt, das könnt ihr hier lernen …"

Die ehemalige Lateinschule entstand in den Jahren 1610 bis 1612. Ihr Bau fällt in die Zeit des Superintendenten Bartholomäus Sengebähr, der von 1599 bis 1623 der Alfelder Kirchengemeinde vorstand. Er hatte sich nicht nur um die Restaurierung der Alfelder Stadtkirche, sondern auch um die Schule von Alfeld gekümmert.

Neben den Inschriften sind es vor allem die Füllhölzer zwischen den Gefachen, Brüstungstafeln oder Brusttücher genannt, deren Verzierung zum eigentlichen Schmuck der Alfelder Lateinschule wurde.

Dargestellt sind die vier Elemente, die fünf Sinne, die Sieben Freien Künste, die Planetengottheiten, die neun guten Helden, die Musen sowie Heilige und biblische Personen. An der nördlichen Giebelseite befinden sich die Darstellungen Martin Luthers und Philipp Melanchthons.

Humanistisches Bildungserbe deutet sich mit den Darstellungen antiker Personen (z. B. Xenophon, Themistokles, Pausanias, Leonidas, Hippocrates) an. Die Hildesheimer Holzschnitzer Andreas Steiger und sein Sohn Johann schufen das reiche Schnitzwerk auf den 106 Brüstungstafeln. Fachwerkhäuser mit figürlichen Darstellungen finden wir in Hildesheim (»Wernersches Haus«, »Wedekindhaus«) und in Einbeck (»Eike'sches Haus«), aber auch in Osterwieck (»Eulenspiegelhaus«) und Goslar (»Brusttuch«).

Seminarstraße, etwas oberhalb der Lateinschule: Bürgerhaus von 1608 das so genannte „Planetenhaus" mit eindrucksvollem Bildprogramm.

Der Alfelder Rathausneubau von 1584 steht an der Stelle seiner Vorgänger. Der Eingang erfolgt über den vorgesetzten Turm. Am Turm befindet sich der so genannte „blaue Stein", der als Schwurstein vor dem Rathaus als Gerichtsstätte diente. Wir finden blaufarbige Hervorhebungen an der Lateinschule von Alfeld (Portal mit Löwen), die vielleicht auf diesen wichtigen Alfelder Traditionsstein verweisen.

Tourist-Info Alfeld (Leine)

Marktplatz 12
31061 Alfeld
Tel.: +49 51 81 / 1 94 33
www.stadt-alfeld.de

Abbildung des Gifhorner Schlosses auf dem Altarbild der Celler Schlosskapelle, um 1570.

Bergfried des Glaubens

Der Reformationsfürst Franz von Gifhorn gehörte zusammen mit seinem Bruder Ernst (der Bekenner) auf dem Reichstag zu Speyer 1529 zu den Unterzeichnern des Protestschreibens gegen die Beschlüsse des Reichstages die Religion betreffend. Diese Unterschrift brachte die beiden damaligen Celler Fürsten in einen Gegensatz zu Kaiser Karl V. Die beiden Brüder aber hatten ihre antihabsburgische Haltung bereits von ihrem Vater Herzog Heinrich (der Mittlere) von Braunschweig-Lüneburg. Ihre Mutter war Margarethe, die Schwester des sächsischen Kurfürsten Friedrich der Weise. 1520 war beider Vater wegen seiner profranzösischen Haltung in die Reichsacht gefallen, die ein Jahr später in Bezug auf das Land und seine Bewohner, aber erst 1535 gegenüber dem Fürstenhaus aufgehoben wurde.

An diesem Beispiel wird sichtbar, dass die Durchsetzung der Reformation verschlungene Wege zwischen weiteren Interessenkonflikten ging. Erst als Franz (von Gifhorn) 1535 von König Ferdinand in Wien mit dem Fürstentum belehnt wurde, verfiel die Reichsacht gegenüber der Celler Fürstenlinie.

Die Wege des welfischen Fürstensprosses boten einige Gabelungen: 1517 hatte Franz noch als Koadjutor und Nachfolger des Bischofs von Hildesheim Anerkennung gefunden. Er hätte eine geistliche Laufbahn eingeschlagen. Diese Karriere blieb Franz durch das Ergebnis der Hildesheimer Stiftsfehde (1519-1523) verwehrt. In diesem Regionalkonflikt mehrerer Fürstenhäuser und Bistümer blieb die Wolfenbütteler Linie Sieger: Heinrich (der Jüngere) von Braunschweig-Wolfenbüttel besetzte die meisten Ämter des Hildesheimer Fürstbistums und vergrößerte auf diese Weise sein Gebiet erheblich. Nun trat Franz in die Dienste des sächsischen Kurfürsten, insgesamt dreier Kurfürsten in Folge, und danach in den Dienst des dänischen Königs. Alle Stationen bestärkten nur Franz' antihabsburgische Stellung.

Fürst Ernst von Celle, Franz' Bruder, erbte das Celler Fürstentum und begründete 1529 eine eigene lutherische Landeskirche. Ab 1536 weilte Franz wieder in Celle bei seinem Bruder Ernst. Franz wollte fortan nicht mehr an anderen Höfen sein Auskommen finden und machte die Frage der Herrschaftteilung zu einer Frage der

Bildnis des Fürsten Franz von Braunschweig-Lüneburg 1541, Gründer des Fürstentums Gifhorn.

Teilung des Fürstentums. 1539/1540 war es dann soweit: Franz hatte die Abtretung dreier Ämter als Grundlage eines eigenen Fürstentums durchgesetzt: Gifhorn, Fallersleben und das Klosteramt Isenhagen. Schloss Gifhorn wurde zum Hauptort dieses gerade geschaffenen protestantischen Fürstentums. Da Ernst von Celle bereits das Land reformiert hatte, übernahm Franz einen gänzlich evangelischen Unter-

tanenverband, für den er 1544 eine eigene Polizeiordnung erließ.

In dem Nebeneinander welfischer Fürstentümer konnte es für Franz kaum schlechter kommen: Sein kleines Fürstentum hatte im Süden niemand Geringeren als den wichtigsten habsburgischen Verbündeten und Verteidiger der römischen Kirche in Norddeutschland, Herzog Heinrich den

Franz von Gifhorn (geb. 1508 – gest. 1549), lebensgroße Dastellung eines Renaissancefürsten und Anhänger der Reformation, Lindenholz.

Jüngeren (1514-1568), zum Nachbarn. Das junge Fürstentum Franz' von Gifhorn war damit auch ein „Frontfürstentum" der Reformation.

Anfang 1546 starb Ernst (Celle) und es kam zu Verhandlungen über eine Vormundschaft über Ernsts Kinder, die aber letztlich ins Leere liefen. Dies mag mit dem sich abzeichnenden Schmalkaldischen Krieg erklärt werden können – die Herzöge Ernst und Franz gehörten auch zu den Gründungsmitgliedern des Schmalkaldischen Bundes. Fürst Franz gehörte dann auch zu den Fürsten, die im Schmalkadischen Krieg gegen den Kaiser in den Krieg zogen. Der Gifhorner Fürst kam mit einem blauen Auge davon: Am 1. Januar 1547 fiel Franz wegen seiner Parteinahme gegen den Kaiser kurzzeitig in die Reichsacht. Franz konzentrierte sich fortan auf sein Fürstentum.

Schloss Gifhorn ist gänzlich ein Kind des 16. Jahrhunderts, ein Wasserschloss, 1525 begonnen, dreiflüglig, 1546 entstand das Kavalierhaus und ein Jahr später in der Nordostecke des Schlosses die Kapelle, die als ältester, protestantischer Sakralbau Nordwestdeutschlands gilt. Die architektonisch so hervorgehobene Schlosskapelle kann als „Bergfried des Glaubens" verstanden werden. Die Ecklage der Schlosskapelle erklärt sich – wie in Celle – aus dem Ursprung in einem Eckturm der Burg. Die Ecksituation der Gifhorner Schlosskapelle löst sich von dem Wehrcharakter eines Eckturm; sie ist ein gesonderter Bau mit hohen Fenstern. Die Höhe der Kapelle überragt zudem alle anderen Schlossgebäude. Die repräsentative Wirkung wird im Schlossinnenhof durch die Wucht ihrer Front unterstrichen. Das Fürstenhaus sitzt auf der ersten Empore in Altarnähe. Die Ausmalung der Deckengewölbe erhielt die Kapelle durch den Salzburger Maler Hans Bocksberger d. Ä. Die Verbildlichung der neuen Lehrinhalte wurde von Luther ausdrücklich gewünscht. Massiv stehen Kanzel, Emporen und Altar in Kalkstein da. Die Schlosskapelle dient auch als Grablege des Fürstenhauses: Die Sarkophage werden in die Höhe gehoben. Franz' Ehe mit Klara von Sachsen-Lauenburg blieb erbenlos, dies aber konnte zum Zeitpunkt des Baus der Schlosskapelle nicht vorausgesehen werden. Fürst Franz von Gifhorn starb 1549; sein Fürstentum fiel zurück an die Celler Linie. Geblieben ist ein einzigartiges Zeugnis des Glaubens aus dem frühen Reformationsjahrhundert.

Kontakt:

Historisches Museum Schloss Gifhorn
Schlossplatz, 38518 Gifhorn
Tel.: +49 53 71 / 82 422-25
www.museen-gifhorn.de

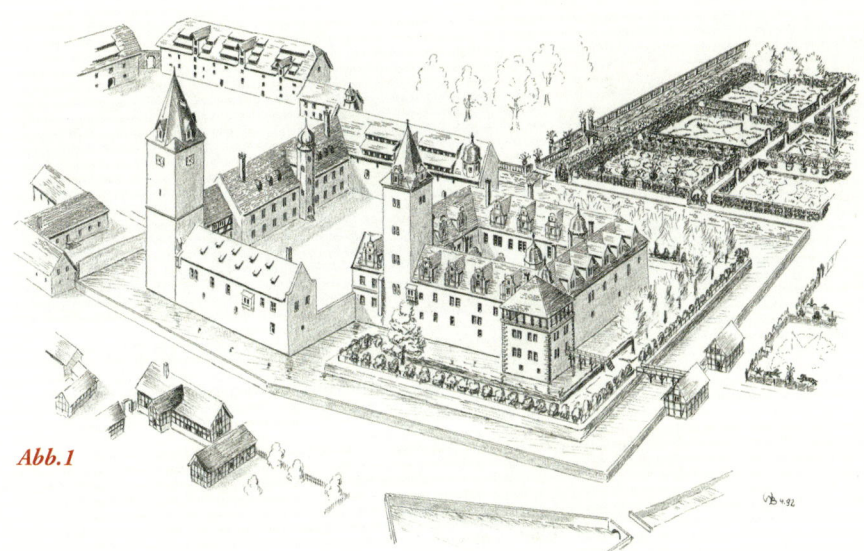

Abb.1

Schloss Hessen – eine ›feste Burg der Reformation‹

600 Jahre ragten Burg und Schloss Hessen (Abb. 1: Schloss Hessen um 1650) als Braunschweiger Brückenkopf in das Halberstädtische hinein, bis Hessen 1941 durch einen Gebietsaustausch zu Gunsten der Wasserrechte der ›Reichswerke Salzgitter‹ an die Provinz Sachsen und deshalb nach 1945 an die DDR fiel. Immer noch erinnert am Ortsrand ein DDR-Grenzturm (Abb. 2: DDR-Grenzturm) daran und an die Folgen, die dies bis 1989 hatte.

Nachdem Heinrich der Jüngere von Braunschweig nicht mehr umhin konnte, seinen Sohn Julius trotz Klumpfußes und der Hinwendung zum Protestantismus als Nachfolger anzuerkennen, bereitete sich Julius ab 1560 in Hessen mit seiner Frau Hedwig auf die Regentschaft in Braunschweig vor. Ihren in Hessen 1564 geborenen Sohn Heinrich

Julius wählte das Halberstädter Domkapitel 1566 zum Nachfolger seines 1564 gestorbenen Bischofs – jeder der Beteiligten verfolgte dabei sicher andere Ziele.

Noch am Tage der Beerdigung Heinrichs d. J. wurde 1568 das Schloss Hessen ebenso zum Ausgangspunkt der Reformation im Braunschweigischen wie auch im Bistum Halberstadt, denn dort konnte Herzog Julius gegen alle Widerstände seinem Sohn die ihm in der Wiege zugefallenen bischöflichen Rechte sichern. Ab 1578 wohnte Heinrich Julius in Gröningen, wo er nach seiner Hochzeit 1584 ein allseits bewundertes Residenzschloss errichtete.

Hedwig, die Witwe Herzog Julius', ließ nach dessen Tod ab 1589 die Schlosskapelle in Hessen mit weiteren Gemälden ausstatten. Später in die Wolfenbütteler Johannis-kirche überführt bezeugen dort Altar, (Abb. 3: Altar) Kanzel (Abb. 4: Kanzel), Orgelprospekt (Abb. 5: Orgel) und Taufe

(Abb. 6: Taufe) noch die Qualität der Ausstattung eines Raumes, der heute in Hessen leer steht. Erhalten geblieben ist aber in einem Turm (Abb. 7: Turm mit Studierstube) die Studierstube des Herzogs, in der die Bücher standen, die er mit nach Wolfenbüttel brachte. Hedwig hat ihm hier eine sehr qualitätsvolle, trotz Todessymbolik heitere Deckenmalerei gewidmet (Abb. 8: Fresken in der Studierstube).

Ab 1602 erweiterte ihr Sohn Heinrich Julius das Schloss und schenkte 1610 seiner Frau Elisabeth die heute in Dänemark befindliche Compeniusorgel. Elisabeth stiftete ein Armenhaus (Abb. 9: Armenhaus) mit einer Kapelle (Abb. 10: Armenhauskapelle).

Berühmt war auch der Renaissancegarten mit einem Augsburger Jagd- und Paradiesbunnen.

Dies alles wiederherzustellen ist der Wunsch des dortigen Fördervereins, der seit 1995 die erhaltenen Teile des Schlosses (Abb. 11: Schloss Hessen) instandsetzt und der Öffentlichkeit zugänglich macht. Im Sommer zieht die Hessener Schloss- und Gartennacht zahlreich das Publikum an.

www.gemeinde-hessen.de
www.stadt-osterwieck.de

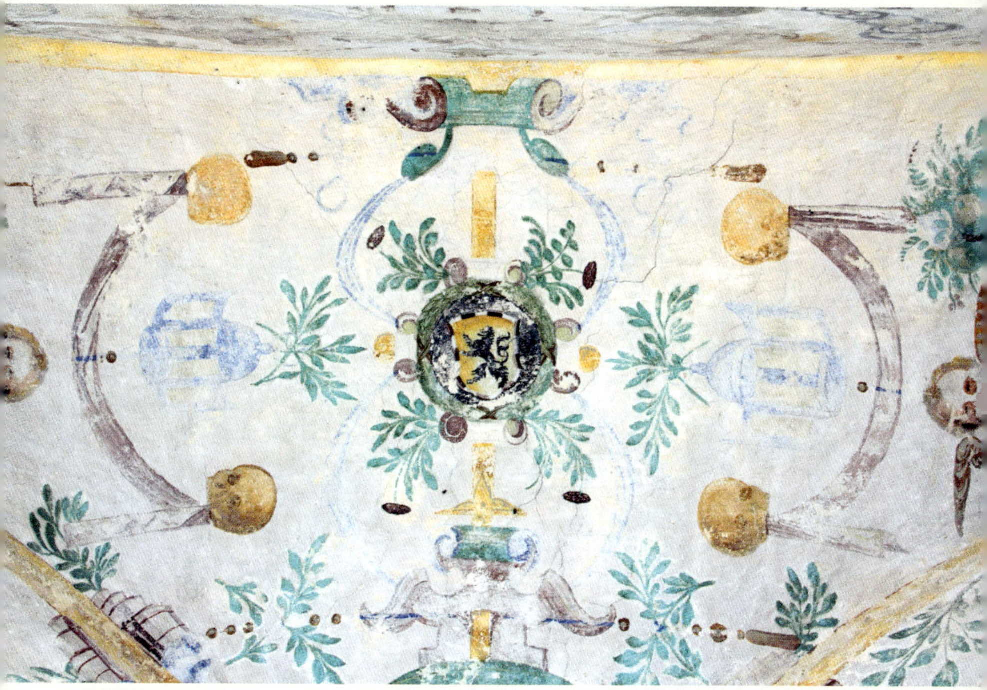

Abbildung 8: Deckenmalerei der Studierstube

10

11

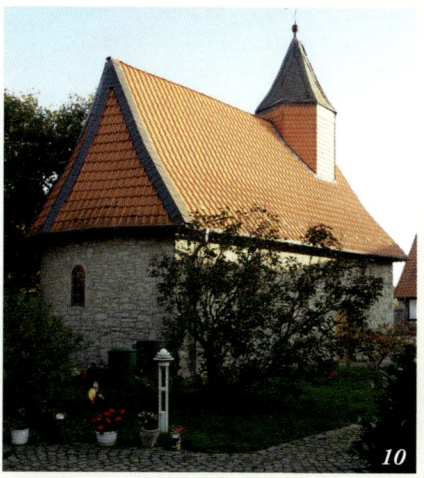

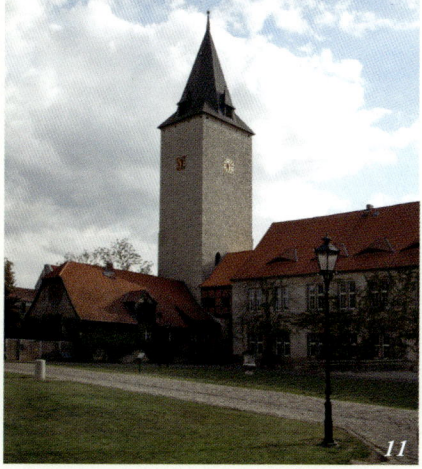

Schloss eines evangelischen Bischofs und Domkapitels

Über das große Bruch führt die Straßen von Eilsdorf über Schlanstedt zum Neudamm nach Neuwegersleben. In Schlanstedt leiten die Straßen „Eilsdorfer Weg", „Breite Straße" und „Rosenwinkel" durch den Ort. Oberhalb des „Rosenwinkels" erhebt sich der „Steile Berg", an dessen Hang die Burg Schlanstedt über den Ort hinweg schaut. Der Bergfried ist das Kennzeichen dieser Burg und ragt stolze x Meter über den Boden auf.

Schlanstedt war bischöflicher Burgort und Amtssitz und bischöfliches Dorf. Für das Halbertädter Fürstbistum war Schlanstedt eher ein Bollwerk im Raum zwischen Großem Bruch und Huy, als eine Burg unter vielen. Im Innenhof der Burg prangt auf der Nordseite das Fürstbischöfliche Wappen an der Wand mit der Jahreszahl „1524" (in gotischen Zahlen, Foto unten).

1534 zwang die Geldnot den Fürstbischof Albrecht – er war zugleich Erzbischof von Mainz und Magdeburg – zur Verpfändung des Amtes (mit der Burg) Schlanstedt. 1540 erlaubte Fürstbischof Albrecht gegen Zahlung von 200.000 Gulden seine Bürger und Untertanen die freie Religionsausübung. 1545 starb Fürstbischof Albrecht und sein Kontrahent Martin Luther ein Jahr später.

Albrechts Nachfolger, Fürstbischof Johann Albrecht, löste die verpfändeten Ämter – darunter auch Schlanstedt – im Jahr der Neubesetzung wieder ein. Johann Albrecht starb bereits nach fünf Jahren 1550 und dessen Nachfolger, Fürstbischof Friedrich III. Bereits nach zwei Jahren 1552. Friedrich war es, der seiner Stadt Hornburg – am westliche Ende des Großen Bruchs – das Marktrecht zugestand.

Toreingang zum Innenhof der Burg.

Foto links: Schlanstedt als Burg des Halberstädter Domkapitels, von links nach rechts: Matthias von Oppen, Domdechant und Portonarius | Joachim Johann Georg von der Schulenburg Senior und Rell (?) | Joachim Ernst von Biern Subsenior | Caspar W. Rampe | Ludwig von Lochow Scholaster | Joachim von Tresckow | Eitell Johann von Holle | Arndt Spiegel Lu(dwig) von Pickelsheim | Johann Levin von Bennigsen | Henning von Steinberg | Heinrich von Lochow | Lippold von Rossing | Johann Albrecht von Hunighe | Johann Georg von Eickstedt VIEBTUM | Anno 1616

Von 1552 bis 1566 übte Sigismund II. das bischöfliche Amt zu Halberstadt und das erzbischöfliche Amt zu Magdeburg aus. Unter Sigismund nahmen die Bürger Hornburgs 1553 die evangelische Lehre an.

Zehn Jahre später wurden die Schlanstedter mit ihrem Pfarrer Simeon Gurimenus evangelisch. Dass dieser Schritt im Einklang mit der Obrigkeit des Amtes geschah beweist die Tatsache, dass der Landeshauptmann von Wildenstein, Amtmann zu Schlanstedt, der Kirche im Ort (gegenüber der Burg) eine Oblatenschachtel aus Silber stiftete – mit den Namen des Pfarrers Gurimenus und des Amtmannes bzw. Landeshauptmannes von Wildenstein darauf.

Das Halberstädter Domkapitel hatte 1566 die Nachfolge für Sigismund zu bestimmen und es bestimmt nicht den nächsten Erzbischof von Magdeburg, sondern für ein zweijähriges Kind, den Enkel Herzog Heinrichs des Jüngeren (1514-1568).

Heinrichs Sohn, Julius, war der evangelischen Lehre längst zugeneigt, während sein Vater sein Leben lang die katholische Lehre verteidigte. Würde also der alte Herzog sterben, würde sich die evangelische Lehre alsbald vollends im welfisch-braunschweigischen Herzogtum durchsetzen. Wurde aber einem Zweijährigen das Bistumsamt übertragen, so fiel doch die Vormundschaft seinem noch nicht regierenden Vater zu. Julius aber hatte auf Schloss Hessen seinen Rückzugspunkt vor der Politik des Vaters, das unweit Halberstadt lag.

Mit dem Tode Herzog Heinrichs und der Nachfolge Herzog Julius 1568 wurde im Fürstbistum Halberstadt die evangelische Lehre eingeführt und für alle Untertanen verbindlich durchgesetzt. Für die Schlanstedter, die seit fünf Jahren evangelisch waren, war dieser Machtwechsel weniger bedeutsam, als die Zeit der Nachfolgen Herzog Heinrichs Julius' 1613. Seine Söhne und Nachfolger starben schon nach kurzer Regierungszeit: Heinrich Karl im Juni 1615 und Rudolph im Juni 1616. Am 6. August 1616 wählte das Domkapitel zu Halberstadt den dritten Sohn Herzog Heinrichs, Christian, zum Bischof von Halberstadt. 1616 ließ sich das Domkapitel auf der Burg Schlanstedt in einem Fries mit all seinen Angehörigen und ihren Wappen darstellen.

Bergfried.

*Burginnenhof mit schirmender Baumkrone und Brunnen. Foto links: dekorativ ausge-
führtes Stützwerk. Foto rechts: Die Fortschritte der Renovierung werden in Augenschein
genommen.*

Kontakt:

Burg Schlanstedt mit Burgküche
Burg 1
38838 Schlanstedt/Huy
Tel.: +49 3 94 01 / 6 39 33
www.burg-schlanstedt.de

*In Schlanstedt gibt es darüber hinaus
eine Heimatstube, Schießwinkel 3,
an der Grundschule gelegen.
Kontakt: +49 39 40 1 / 7 03
www.heimatstube-schlanstedt.de*

Von Meyendorff auf Ummendorf

Andreas von Meyendorff – Burgherr und Reformator in Ummendorf und im Erzstift Magdeburg

Noch immer steht Andrea s I. von Meyendorff in Ummendorf (Abb. 01: Ummendorf um 1610) in hohem Ansehen. Bei der Küstern, die den Besucher durch die 1562 von Andreas I. erneuerte Kirche (Abb. 02: Kirche) führt, vorbei an Epitaphien, die an ihn und seine Familie erinnern (Abb. 03: Epitaph des Andreas von Meyendorff). Sie weist über der Brautpforte der Kirche auf das Steinmetzrelief hin, das den Sieg des Lebens über den Tod verkündet (Abb. 04: Steinmetzrelief über der Brautpforte) – wenn man genau hinsieht, erinnert der Kopf des auferstehenden Christus an den des Meyendorff-Epitaphs – und im Innenraum auf das Christusbild (Abb. 05: Christusbild in der Kirche), das die Bedeutung der Predigt für den Glauben betont. Reich geschnitzte Emporenkonsolen (Abb. 06: Emporenkonsolen) , ein Beschlagwerk verzierter Altar (Abb. 07: Altar) mit Bildern Adam Offingers und die 1697 stilverspätet erneuerte Kanzel sind schöne Beispiele ländlicher Renaissance.

08. Abb.: Armenhaus in Eilsleben

Erst die Reformation brachte dem tief in der Geschichte wurzelnden Nebeneinander von Burg und Kirche mit Andreas I. von Meyendorff von 1552–83 die heute noch erkennbare Blüte, gehörte er doch zu den Wegbereitern der Reformation: im Reich als Theologe und Kirchenmann, im Erzstift als Standesvertreter und hier am Ort als ›frommer‹ Herr seiner Güter und Untertanen, für die er eine Schule und im benachbarten Eilsleben ein Armenhaus (Abb. 08: Armenhaus in Eilsleben) gründete. Glaubens-Vertriebenen gewährte Unterkunft, sein Briefwechsel war umfangreich.

Der Burghof, überall mit Wappen der Meyendorffer , (Abb. 09: Wappen 1) (Abb. 10: Wappen 2) (Abb. 11: Wappen 3) ist alljährlicher Schauplatz des ›Ummendorfer Burgtheaters‹ nach Texten des erst kürzlich pensionierten Pfarrers. Er verdiente ein Denkmal, wie es der Meyendorffer seinem ersten protestantischen Pfarrherrn Wolfgang Kropp und seiner Frau (Abb. 12: Grabstein Kropp) außen an der Kirche errichtet hat.

Der heutige Burgherrin ist die Leiterin des Bördemuseums (Abb. 13: Bördemuseum). Sie zeigt die Studierstube (Abb. 14: Studierstube im Burgturm) mit der Inschrift: (Abb. 15: Inschrift im Turm)

Oben:14. Abb.: Studierstube im Burgturm

Links: 13. Abb.: Bördemuseum

„Erbaut … im Jahr 1576, wo sowohl die Kirche als auch das Reich in einzigartiger Erwartung gewesen sind." Dabei dachte Meyendorff an das unter seiner Mitwirkung verabschiedete ›Bergische Bekenntnis-

Buch‹. Die an die Landstände gerichtete ›Erklärung von der Deutschen Freiheit‹ könnte hier ebenso entstanden sein wie Gespräche mit den Theologen Heßhusen, Wigand, Kirchner und Chemnitius und dem Hauslehrer seiner Kinder Jonas Nicolai aus Osterwieck vorstellbar sind, den er mit der Tochter des eigenen Pfarrers verheirate und die erste Pfarrstelle in Ampfurth verschaffte. Im Torbogen der Burg entlässt uns der Burgherr heute wie damals mit der Devise der protestantischen Reichstände Verbum Domini Manet In Eternum (Abb. 16: VDMIE).

Blick auf die Stiftskirche mit dem anschließenden Kreuzgangfragment.

Vom Ottonenzeitalter zum Reformationsjahrhundert

Gernrode kann auf eine reiche wie bedeutsame Geschichte zurückblicken. Markgraf Gero gründete 958/959 als Bestandteil der ottonischen Königslandschaft rund um den Harz auf dem Gelände seine Burg das Stift St. Cyriakus. König Otto I. Nahm das Stift 961 in seinen Schutz. Der Gründer des Stiftes und Vertrauensmann des Königs wurde hier bestattet.

Der Erzabbau schenkte Gernrode eine weitere Förderung: Blei, Zinn, Silber und Eisenerz wurde hier gewonnen. Der Vertrieb der Metalle erfolgte über Händler, die um St. Stephanus eine eigene Marktgemeinde ausbildeten. Vertrieb und Markt gehörten dem Stift. Die Äbtissinnen verwalteten ihr Kloster nicht nur als geistliches Zentrum und Zentrum der Ausbildung für die jungen Damen des Adels, sondern auch als Unternehmen der Montanindustrie ihrer Zeit.

Für die Bewohner des Montanortes „Gernrode" wurde die Errichtung einer eigenen Marktkirche nötig. Für 1064 ist Marktkirche St. Stephani überliefert. Im Jahre 1188 weilte Kaiser Friedrich Barbarossa in Gernrode und beschenkte die Marktkirche mit einer Glocke. Für 1189 erfahren wir zum ersten Male vom „Heiligen Grab" in der Stiftskirche; einer der ältesten Darstellungen des Grabes Christi in Deutschland. Vielleicht stehen der Besuch des Kaisers und der Bau der Heiliges Grabes in einem Zusammenhang, aber für solche eine Vermutung fehlt uns die Überlieferung.

Gernrode aber brauchte die Aufmerksamkeit des Kaisers, legten doch die Fürsten der

St. Cyriakus: Stiftskirche aus der Zeit von um 960 mit Krypta (Foto rechts).

Askanier gern ihre Hände auf das Stift. Die Unabhängigkeit des Stiftes war den späteren Fürsten von Anhalt ein Dorn im Auge.

Die Äbtissinnen schützten sich durch eine Stärkung der Marktgemeinde am Kloster. Und tatsächlich: Die Marktgemeinde gedieh und gründete 1450 eine Schützengilde. 1484 erschütterte kein Stadtbrand, dafür aber die Pest den Klosterort. 1519 ließ die Äbtissin Elisabeth von Weida (1504-1532) die Tumba des Stiftsgründers und Markgrafen Gero erneuern. Damit knüpfte sie an die ruhmreiche Vergangenheit an und zeigte, wie nah das (Hoch-)Mittelalter war. Diese Erneuerung der Tumba ging auch mit einer Verlegung der Tumba an den heutigen Standort einher und dürfte mit allem feierlichem Zeremoniell der Zeit geweiht worden sein. Damit erinnerte die Äbtissin die immer drängender auftretenden Fürsten von Anhalt an die Unabhängigkeit ihres Stiftes. 1519 ist aber auch das Jahr, in dem die Äbtissin ihren Vertrauensmann und Vikar

Stefan Molitor für drei Jahre zum Studium nach Wittenberg schickte.

So ist das Jahr 1519 Beides: Erinnerung an die glorreiche Zeit der Ottonen und Anknüpfung an die neue Zeit, die mit der Reformation einherging. 1521 kehrte Molitor aus Wittenberg zurück und noch im selben Jahr wurde das Stift Gernrode evangelisch. Die tatkräftige Äbtissin kam damit auch einer Säkularisierung ihres Klosters durch die Fürsten von Anhalt vor. Dieser Schritt rettete sie auch 1525, als die Aufständischen der Bauern und Städter plündernd zu den Klöstern zogen. Das evangelische Stift Gernrode blieb von den Auswirkungen des so genannten Bauernkrieges unberührt.

Tumba des Stiftsgründers Markgraf Gero von 1519.

„Cyriakusstraße 1": Die mit viel Liebe durch den Popperod-Verein restaurierte alte Elementarschule von 1533. Rechts: der historische Schulraum (16. Jahrhundert).

Äbtissin Elisabeth verstärkte noch die Entwicklung ihrer Marktgemeinde, die 1530 ein Rathaus erhielt (das heutige Rathaus steht an altem Platz ist aber von 1914). Nach dem Ableben der Äbtissin Elisabeth 1532 wurde das Fürstentum Anhalt-Bernburg ein Jahr später (1533) evangelisch. Ebenfalls 1533 wurde die Stiftskirche das gemeinsame Gotteshaus von Stift und Marktgemeinde. Es war auch die Äbtissin Anna von Plauen (1532-1549), die 1533 auch die Pläne einer Schule für die Stadtkinder verwirklichte und das Hospitalwesen förderte. Unter Elisabeths Nachfolgerin wurde die Stärkung der Marktgemeinde als Stütze des Stiftes stetig ausgebaut: 1539 erhielt Gernrode Stadtrecht und 1545 das Braurecht.

Es waren diese beiden starken Äbtissinnen, die, unterstützt von den Bürgern Gernrodes, die Selbstständigkeit ihrer jungen, gemeinsamen Gemeinde sicherten. Als letzte Äbtissin des Stiftes stirbt 1616 Sophia Elisabeth von Anhalt. Im selben Jahr wandelten die Fürsten von Anhalt das Stift in eine staatliche Domäne um. 1619 entstand neben der Kirche der Fürstliche Amtshof. Im Weiteren verfiel das Kloster mit seinen Gebäuden, so dass wir heute nur noch die Stiftskirche mit dem angrenzenden Kreuzgangbereich aufsuchen können.

Auf ihre Weise veranschaulichen die Jahre 1519 und 1616 zwei Eckdaten der Entwicklung des Gernröder Stiftes: Erneuerung der Tumba als Zeichen der Lebenswillens des Stiftes gegenüber den Fürsten von Anhalt-Bernburg und die Aufhebung des Stiftes durch das Fürstenhaus von Anhalt. Man kann es auch so sagen: Die Reformation hatte dem Stift ein weiteres Jahrhundert geschenkt.

Kontaktdaten

St. Cyriakus · Burgstraße 3
06485 Quedlinburg OT Gernrode
Tel.: +49 3 94 85 / 275

Lateinschule / Gernroder Kulturverein
„Andreas Popperodt" e.V. · Cyriakusstr. 2
06485 Quedlinburg OT Gernrode
Tel.: +49 3 94 85 / 265

An dieser Stelle stand das Hospital der Äbtissin Anna von Plauen.

Das Panorama Museum oberhalb des historischen Schlachtfeldes bei Bad Frankenhausen.

Blick auf das Reformationsjahrhundert

Die Reformation hatte viele Gesichter: Da gab es die Gruppe um den Wittenberger Universitätsprofessor Dr. Martin Luther. Huldreich Zwingli aus der Schweiz repräsentierte eine weitere Gruppe. Eine dritte Gruppe ist durch die „Täufer"-Bewegung erfasst. Vor Bad Frankenhausen 1525 fassen wir mit dem „Bauernkrieg" eine weitere Gruppe der Reformation.

Das Rundgemälde im Panorama-Museum thematisiert Aspekte des Reformationsjahrhunderts.

Die Besucher stehen überwältigt vom Eindruck der Größe des Panoramagemäldes am Geländer.

Ausschnitt aus dem Panaramagemälde von Prof. Werner Tübke.

Der Bauernkrieg war eine Revolte des „gemeinen Mannes" auf dem Land gegen die drückenden Lasten durch Steuer, Abgaben und Dienste. Die Armut und Seelennot war groß und schien nur auf den Moment zu warten, dass sie sich Luft verschaffen würde. Da verfasste Martin Luther in seiner Schrift „von der Freiheit eines Christenmenschen" (1520) Sätze wie, dass „ein Christenmensch … niemandem untertan sei".

Plötzlich waren die Bauern nicht mehr der dritte Stand, der für den ersten und zweiten Stand (dem Adel und dem Klerus) zu arbeiten hätte, sondern fühlten ein Menschenrecht auf Auskommen und Freiheit von Unterdrückung. Uns heute, die wir von prekären Arbeitsverhältnissen beim Versand von Internet-Bestellungen hören, mag es schwer fallen, sich vorzustellen, dass man zur Heugabel greifen würde, um sich von Unrecht zu befreien. Nun, das Reformationsjahrhundert war ein Jahrhundert starker Worte und Charaktere, da blieb wenig Raum für Vermittelndes und soziale Reformen.

In den Jahren 1524 und 1525 ging durch weite Teile Deutschlands eine unbändige Wut gegen alle Herrschaft in den betreffenden Regionen. Burgen wurden eingenommen, Klöster geplündert. Sie nahmen Rache und wollten sich zugleich dauerhaft befreien, aber ihre Befreiungsschläge lieferten die Legitimation zum Gegenangriff der Fürsten.

Martin Luther stellte sich gegen die marodierenden Bauern, Thomas Müntzer stand auf ihrer Seite.

Müntzer war Pfarrer in Mühlhausen und hatte dort das soziale Experiment gewagt, mehr Gleichheit einzuführen. Hier versuchte er, seine Vorstellungen einer gerechten Gesellschaftsordnung nach dem Vorbild der Urchristen umzusetzen: Privilegien wurden aufgehoben, Klöster aufgelöst, die Armen wurden gespeist und Obdachlosen wurden einfache Unterkünfte angeboten. Müntzer forderte die „Gemeinschaft aller Güter, die gleiche Verpflichtung aller zur Arbeit und die Abschaffung aller Obrigkeit" (omnia sunt communia). Es war dies das Ende des

Mittelalters und die Vorwegnahme einiger Menschenrechte, wie sie fast dreihundert Jahre später in der französischen Revolution formuliert wurden.

Müntzer versuchte, den Bauernhaufen eine gemeinsame Richtung zu geben. Am 10. Mai machte sich Müntzer mit 300 Mann, 8 Kanonen und der Regenbogenfahne (weiße Fahne mit einem Regenbogen und den Worten „Verbum domini maneat in aeternum" = Das Wort des Herrn bleibe in Ewigkeit) auf den Weg von Mühlhausen nach Frankenhausen. Bei Frankenhausen versammelten sich 8000 Bauern und verfügten über 15 Kanonen.Landgraf Philipp von Hessen, Herzog Heinrich (der Jüngere) von Braunschweig-Wolfenbüttel, Herzog Georg von Sachsen zogen ihre Heere in Frankenhausen zusammen und verfügten insgesamt über 6000 Söldner und Berittene.

Am 14. Mai errangen die Bauern einen Sieg, den sie aber nicht nutzten und ließen es am Folgetag zum gemeinsamen Vorgehen aller Fürsten gegen sich kommen. So gilt als Tag der Schlacht auf dem „Schlachtberg" bei Bad Frankenhausen der 15. Mai 1525. Die Schlacht war eine der bedeutendsten Schlachten des Bauernkriegs. Die aufständischen Bauern wurden vollständig besiegt. Weit über 6000 Tote beklagten die chancenlos ausgerüsteten Bauern. Müntzer selbst entkam vom Schlachtfeld, wurde gefangen genommen und am 27. Mai in Mühlhausen enthauptet.

Zur Erinnerung an die Schlacht entstand das Panoramamuseum auf dem Schlachtberg mit dem Panoramagemälde von Werner Tübke. Tübke schuf dieses Werk zwischen 1976 und 1987 auf 1700 Quadratmetern; die Leinwand ist 123 Meter lang und 14 Meter hoch. Das Rundgemälde trägt den Namen „Die Frühbürgerliche Revolution in Deutschland".

Panorama Museum

Am Schlachtberg 9
06567 Bad Frankenhausen
Telefon +49 (0) 34671 619 0
www.panorama-museum.de

Thomas Dahms,
Mario Heinicke:
Rund um den
Fallstein
Kulturlandschaft
und Natur erleben
Wandern und Radwandern
Hornburg, Osterwieck,
Schloss Hessen uvm.

14,90 Euro
Ostfalia-Verlag, Osterwieck, 2012
978-3-926 506-63-6

Thomas Dahms,
Jennifer Wimmer:
Rund um den
Salzgitter-Höhenzug
Kulturlandschaft
und Natur erleben
Wandern und Radwandern
Goslar, Salzgitter, Geschichte des Berg-
baus, Sport und Freizeit uvm.

14,90 Euro
Ostfalia-Verlag, Osterwieck, 2013
978-3-926 560-68-1

Thomas Dahms,
Dagmar Mönnecke-Koroma:
Rund um den Oderwald
& Harly
Kulturlandschaft
und Natur erleben
Wandern und Radwandern
Residenzstadt Wolfenbüttel, Lessing, –
Burgen, Adelssitze, Klöster, Dörfer mit
reicher Geschichte uvm.
14,90 Euro
Ostfalia-Verlag, Osterwieck, 2014
978-3-926 560-71-1

Giovanni Caselli, Thomas Dahms:
Via Romea. Pilgerführer für
Deutschland.
Stade-Mittenwald.
Die Strecke durch Deutschland
in 12 Regionen:
Stader Geest, Heide, Ostfalen, Harz,
Thüringen, am Rande der Rhön,
Fränkisches Weinland, Romantisches
Franken, Donau-Ries, Schwaben,
Pfaffenwinkel, Bayerische Alpen.

14.90 EUR
Ostfalia-Verlag, Osterwieck, 2015
ISBN: 978-3-926560-78-0

DEUTSCHE GESCHICHTE IM COMIC

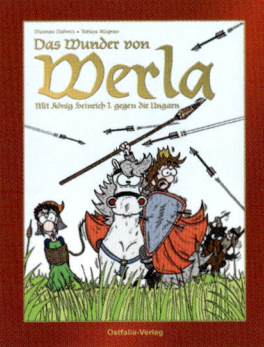

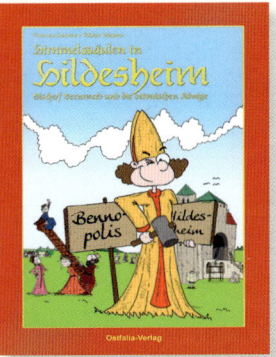

Thomas Dahms, Tobias Wagner:
Das Wunder von Werla -
mit König Heinrich I.
gegen die Ungarn
Sehen, wie......
- Europa um 926 aussah
- wichtig das Land an der Oker war
- ein König im Mittelalter regierte
- aus Kriegern Ritter wurden
durchgehend farbig
mit 3 Europa-Karten
(Europa im 10. Jahrhundert)
mit einer Regionalkarte „Land am
Fluss Oker"
ISBN 978-3-926560-65-0, 40 Seiten
, 14,90 Euro

Thomas Dahms, Tobias Wagner,
**Die Welt zu Gast
in Quedlinburg -**
auf ein Schachspiel
mit Otto dem Großen
Sehen, wie.....
- das Land rund um den Harz zur
  Königslandschaft wurde
- die Ungarn auf dem Lechfeld
  geschlagen wurden
- Otto I. Kaiser wurde
- Europa um 973 aussah
ISBN 978-3-926560-70-4, 40
Seiten 14,90 Euro

Thomas Dahms, Tobias Wagner:
Himmelssäulen in Hildesheim -
Bischof Bernward und die ottonischen
Könige
durchgehend farbig
mit 3 Europa-Karten
(Europa im 10. Jahrhundert)
mit einer Regionalkarte „Land am
Fluss Oker"
ISBN 978-3-926560-79-7, 40 Seiten ,
14,90 Euro

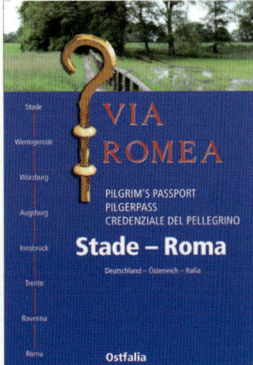

Via Romea,
Pilgerstempelpass
Pilgerpass für Pilgerstempel
von Stade bis Roma.
Pilgrim's Passport Pilgerpass Credenziale
del Pellegrino Stade - Roma

7.00 EUR
Ostfalia-Verlag, Osterwieck, 2014
ISBN: 978-3-926560-74-2

**Die Titel sind bestellbar
über den Buchhandel (VLB),
oder über Internet: www.
ostfalen-verlag.de**

S.   4-5 Karte von Karsten Mentzendorff

S.   6-7 Dr. Thomas Dahms

S.   8 Stadt Osterwieck

S.   9-13 Liselotte Thiele

S. 14-21 Dr. Thomas Dahms

S. 22-23 Helmut Liersch

S.   24 Dr. Thomas Dahms

S.   25 Helmut Liersch

S.   26 Dr. Thomas Dahms

S.   27 Helmut Liersch

S.   27 Karte aus: www.openstreetmap.de

S.   28 Stadt Osterwieck (1), Liselotte Thiele (3)

S. 29-36 Liselotte Thiele

S.   37 Karte aus: www.openstreetmap.de

S. 38-46 Dr. Thomas Dahms

S.   47 Karte aus: www.openstreetmap.de

S. 48-57 Dr. Thomas Dahms

S.   57 Karte aus: www.openstreetmap.de

S. 58-59 Christian Zöpfgen, Stadt Duderstadt

S. 60-66 Liselotte Thiele

S.   67 Karte aus: www.openstreetmap.de

S. 68-72 Dr. Thomas Dahms

S.   72 Karte aus: www.openstreetmap.de

S. 74-77 Liselotte Thiele

S.   78 Karte aus: www.openstreetmap.de

S.   80 Dr. Thomas Dahms

S.   81 Dr. Thomas Dahms (2), Celle Tourismus
           und Marketing GmbH (1)

S. 82-90 Dr. Thomas Dahms

S.   90 Karte aus: www.openstreetmap.de

S. 91-96 Dr. Thomas Dahms

S.   96 Karte aus: www.openstreetmap.de

S. 98-100 Dr. Thomas Dahms

S.   101 Dr. Thomas Dahms (5),
            Göttingen Tourismus e.V. (1) ·

S.   102 Karte aus: www.openstreetmap.de

S. 104-113 Dr. Thomas Dahms

S. 108+113 Karte aus: www.openstreetmap.de

S. 116-121 Dr. Thomas Dahms

S.   120 Karte aus: www.openstreetmap.de

S.   122 Stadt Wernigerode

S.   123 Dr. Thomas Dahms

S.   124 Dr. Thomas Dahms (2), Stadt Wernigerode (2)

S.   125 Dr. Thomas Dahms (3), Stadt Wernigerode (2)

S.   126 Dr. Thomas Dahms,
            Karte aus: www.openstreetmap.de

S. 128-130 Stadt Helmstedt Bürgerbüro Tourist-Inform.

S. 131-139 Dr. Thomas Dahms

S. 140-141 Historisches Museum Gifhorn
            Dr. Conrad, Gifhorn

S.   142 Historisches Museum Gifhorn, Korth, Gifhorn

S.   143 Förderverein Schloss Hessen (1),
            Liselotte Thiele (1)

S.   144 Liselotte Thiele

S.   145 Förderverein Schloss Hessen (1),
            Liselotte Thiele (2)

S. 146-148 Dr. Thomas Dahms

S.   149 Börde Museum Burg Ummendorf (1),
            Pastor Gunter Hirschligau (1),
            Liselotte Thiele (5)

S. 150-151 Liselotte Thiele

S. 152-154 Dr. Thomas Dahms

S.   155 Panorama Museum Bad Frankenhausen

S. 156-157 Prof. Dieter Leistner